宇宙人の流儀

大転換期の地球で
いま知っておくべきこと

サアラ
池川明

大和出版

はじめに　今、地球人が知っておくべきこと

池川　明

タイトルの通り、本書は宇宙人の話がメインとなっています。

突飛な話のように感じる人もいるかもしれません。でも、遅かれ早かれ、地球と関わりを持つ知的生命体の存在が私たちに知らされる日がやってきそうです。

2020年には、イスラエル元国防省宇宙局長が「人類は以前から銀河連合とコンタクトしている」と発表していますし、この文章を書いている時点で、「アメリカの要人によってもうすぐUFOの情報が公にされる」という話もあります。

そうした流れの中で、サアラさんとの3冊目の共著である本書を制作できたことは実にタイムリーだと思いますし、私、池川明にとっても有意義な体験でした。

ここで、本書の語り手であるサアラさんについて簡単にご紹介しましょう。

サアラさんの最も大きな特徴は、「宇宙の記憶」を持って生まれてきた方だということです。サアラさんの魂が最初に地球を訪れたのはなんと1億3000万年前。その後、さまざまな形で転生や輪廻《りんね》(第2章参照)を繰り返し、今回は、生まれた時点ですでに「魂のルーツの記憶」をしっかり持っていらしたそうです。

意識は完全に覚醒しているのに、思い通りにならない赤ちゃんの身体で生まれたショック。成長してからも「自閉症」と診断されたり、十代でうつ病を患ったりと、社会に適応するまでの間は大変な思いをされたようです。

その後結婚して母となり、「立派な常識人」として生活していましたが、36歳のとき、突然の心臓麻痺による臨死体験をきっかけに人生が大きく変わります。

ハイヤーセルフの声を聴くと同時に、自分の魂のテーマが「人類種の自立と進化」であることを完全に思い出し、現在のスピリチュアルリーダーとしての活動を始められました。大宇宙中央議会下で、地球が進化の道にシフトすることをサポートしているアインソフ議会のメンバーでもあります。

このような背景から、本書でサアラさんが「我々」という言葉を使うとき、宇宙人の立場から語っている場合がほとんどなので、そのつもりでお読みいただければと思います。

私自身は産婦人科医としての仕事とともに、「胎内記憶」に関する研究と情報発信に力を注いでいますが、さまざまな方たちに胎内記憶について聞いていくと、見えない世界や死後の世界の話がたくさん出てきます。その中に、子どもはもちろん大人でも「宇宙から来た」という記憶を持つ方は決して少なくありません。

サアラさんもまさにその記憶をしっかりと持っているおひとりですが、他の人から聞く話とサアラさんの話には大きな違いがあります。

他の人の場合は記憶が断片的であったり、具体性にも乏しいことが多いのですが、サアラさんの場合はヒト型宇宙人（ヒューマノイド）も含めた地球外生命体の種別を明確に分けて、よどみなく話してくださいます。そんなふうにトータルな話を聞けることは今までほとんどなかったですし、それをふまえて他の人の話を聞くと、より理解できるようにもなりました。

サアラさんによれば、以前から宇宙人の存在が確認されているにもかかわらず、なぜ今まで公表されてこなかったかというと、「いきなりそうした情報にふれると地球人が驚いてしまうから」とのこと。確かに、一般の人々が突然その存在を知らされたらパニックになりかねません。

でも、すでに宇宙人の存在を当たり前に受け止めている人々も確実にいますし、現に私のまわりの人はみんなそうです。時代は確実に変わってきています。

皆さんがどちらのタイプであっても、いつ宇宙人の情報が公開されても驚かないように、今から予備知識を入れて準備しておくほうがいいと思います。本書がその役割を担ってくれます。ちょっと早い感じではありますが、遅くはないと思っています。

今回、最も印象に残ったのは、宇宙人と地球人の失敗のとらえ方の違いです。

宇宙人もやはり間違ったことはしているようですが、そこに「悪い」という概念はなく、逆にたくさん失敗した人こそが信頼されます。宇宙人にとってはすべてが情報の更新のためであって、魂レベルが成長していくものととらえているのです。

でも、私たち地球人は間違うことに悪いという意味づけをしてしまいますね。自分が好まないものは全部悪いと取ってしまう、そこが宇宙人と全然違うのだろうと思います。

すべての体験を自分のものにしていくか、排除していくかの違いともいえます。

そしてもうひとつ驚かされたのが、彼女がメンバーとして活動してきたアインソフ議会が、使命を終えて2021年に解散するという話でした。

まさに今私たちは、自分たち自身でこれからの地球の運命を決する正念場を迎えつつあるようです。

地球人がより進化して、地球外の生命体とも健全につながれるようになるには、前述のように「不都合に感じる事柄や存在を排除するのをやめていこう」という流れがあると思います。善悪を超えて全体としての調和を目指すこと、まずは身近なコミュニティにおいてそれを実践することが重要ではないでしょうか。

私たち地球人が、長らく縛られてきた既成概念から自由になるのは容易ではありません。しかし、宇宙人の流儀に学び、それでもチャレンジを続けた先に、希望に満ちた未来が開けると信じています。

なお、本書はサアラさんと私の対話がもとになっていますが、皆さんの読みやすさを考えて、サアラさんの一人称の文章で構成してあることを、最後に申し添えておきます。

第1章

パンデミック 宇宙でいちばん進化した平行世界で起こったこと

第2章

魂のしくみ
そもそも宇宙と生命はこんなふうになっている

第3章

コロナウイルス
「恐怖」が感染を引き起こす

第4章

水瓶座の時代①

地球はどう変わっていくのか?

第5章

水瓶座の時代②
天体の力をガイドとして活用する

第6章

人類の変容

進化にどんな可能性があるのだろう

第7章

地球人の課題
この大変化にどうついていったらいいのか

第8章

マスターソウルとつながるために大切なこと

宇宙人の流儀①

第9章

宇宙人の流儀②

こうして地球のゆがんだ概念を手放そう

構成／長谷川恵子
本文デザイン／齋藤知恵子（sacco）
本文イラスト・図版／瀬川尚志
ＤＴＰ／青木佐和子

第1章

★

パンデミック
宇宙でいちばん進化した平行世界で起こったこと

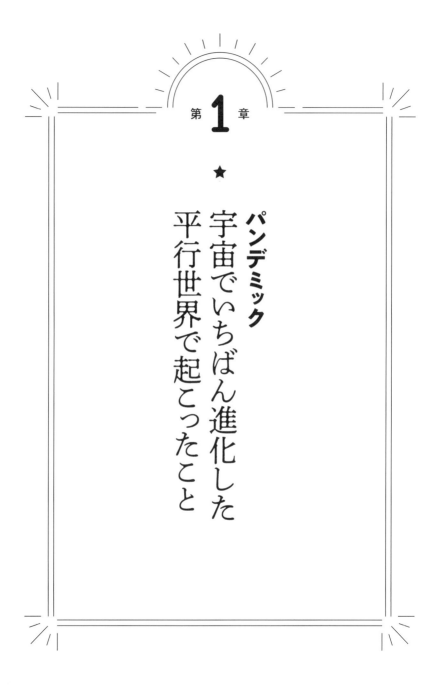

感染者を破壊的な行動に走らせるウイルスが発生

地球時間の1982年〜1983年頃のことです。

今この宇宙のいちばん進化している平行世界で、すさまじいパンデミックが起きました。

平行世界とは、ある現実が分岐し、同時に、しかも無数に存在するいくつもの現実世界のことですが、その中でもいちばん進化している世界は、当時、ある程度進化したテクノロジーによって支えられる、整然とした社会システムの中で、人々（ヒューマノイドたちやその他の生物）は機械的に生きているような状況でした。

そんな中、未知のウイルスが現れ、種族の違いを超えて、瞬く間に感染が広がっていったのです。

この章は、私サアラが実際にそれを経験した立場から、当事者として語っていきます。

したがって、ここでいう「我々」とは、平行世界に存在する私とその周囲の宇宙人類、生命体のことだと理解してください。

さて、そこでのパンデミックの主役は、感染した人（生命体）をアグレッシブ（攻撃的）に変えてしまうウイルスでした。感染すると、ホラー映画『ワールド・ウォーZ』のゾンビのように狂暴化して他者を襲ったり、破壊的な行動に走ってしまうのです。当然、宇宙社会に大きな混乱が生じました。

ウイルスは猛烈な勢いで増殖し、一気にひとつの銀河を飲み込むほど広がったため、やがて全宇宙が注目することになりました。

それまでそれぞれの銀河文明は、お互いの存在は認識していましたが、ある程度の距離を保って干渉し合わない関係でした。しかし、このパンデミックをきっかけに、あらゆる銀河文明から専門家たちが集まってウイルスを調査するための機関を立ち上げ、その結果、いっせいに共通認識を持つようになりました。

そうした点は、今の地球とはだいぶ違っています。スピードも速かったし、みんなが共通認識として正しい情報を共有できたのも早かったです。

このパンデミックが原因で、宇宙が統合されていきました。目に見えない強烈な敵ができたおかげで、それ以外の宇宙人類、生命体たちが結束を固めたのです。

どんな結論を出したかというと、まずワクチンをつくることをやめました。

ワクチンをつくるということは自然に対して戦いを挑むということ。そうすると結局、終わりのない戦いにもつれ込むだけです。ウイルスはものすごいスピードで進化するので、どんなにがんばっても追いつきません。

そこで、戦いはやめようと満場一致で決めました。

ただ、何の策もないままやめることもできないので、ウイルスとの関係を抜本的に考え直そうということになりました。

「そもそも、微生物は我々と同じ生き物である」というところから、ひもといていったのです。

戦うことに意味はない

ここで、ウイルスを微生物とすることに違和感を持たれる方がいらっしゃると思うので、補足しておきます。

微生物とは目に見えないくらい小さな生物で、細菌、菌類、微細藻類、原生動物などが含まれます。ウイルスも同じく微小な構造体ですが、自己複製ができず代謝を宿主に依存するので、生物とは言いきれず、地球の生物学では「生物と非生物の間に位置する」と考えられています。

しかしここでは、生態系を構成する一員として、ウイルスも微生物の一種ととらえて述べています。

「彼らのモチベーションはどこにあるのか。普通に考えたら、生きることだけだ。しかしよく考えたら、ありとあらゆる数えきれないほどの微生物がもしいなかったら、この宇宙の森羅万象はどうなっていただろうか？」

それについて考えるだけでなく、猛烈な勢いでリサーチ・研究してみると、「実は微生物こそが忠実な神のしもべとしてこの宇宙の神羅万象を促している」ということに、気づかされたのです。だとしたら、敵対しても意味がありません。

ではどうしたらいいか。

我々は、自分の都合で感染したくないと思っているだけです。それなら、感染しないで済む方法をもっと知的に追求する必要があります。

このウイルスは、ただ宇宙を向かうべき方向へシフトチェンジさせようとしているだけなのだから、我々はどうしたらその流れを理解し、乗っていけるか、そこを考えたのです。

その結果わかったのは、この世界に無意味な存在はないということ。

ですから、私たちがウイルスに侵されるようなことを回避するには、ウイルスに限らずあらゆる微生物と、そしてあらゆる生物たちと調和して共存する必要があるのです。

「無意識と無関心」が感染を拡大させる

新型コロナで皆さんも実感されていると思いますが、パンデミックが起きたエリアでも、そこに暮らす人が100%ウイルスに感染するわけではありません。

感染する人と感染しない人に分かれます。

この平行世界で蔓延《まんえん》したウイルスに感染する条件は何かというと、圧倒的に「無意識であること」「無関心であること」でした。この2つの条件が揃うと感染するのです。

ですから同じ環境にいても、非常に積極的に何かに取り組む人は絶対に感染しませんでした。

こうした性質を持つウイルスに対して、あらゆる宇宙生命たちは戦いを放棄し、免疫抗体をつくることもやめて、「他者に関心を持つ、好奇心を取り戻す」ための活動を始めました。

そのときに、コミュニケーションツールとしてのテクノロジーがものすごく発達したのです（地球でもポケットトークなどのＡＩ通訳機が出てきていますが、そういうものの精度をもっと上げていくといいと思います）。

コミュニケーションのための新しいテクノロジー

「生きているものの潜在的な機能」を使う方向に一気にシフトしたのも、その頃です。

それまでは、人工的なエネルギー（動力など）もいろいろ使っていましたが、そうするとエネルギーの消費が増える一方で、ゴミが出るばかりです。地球でなら、新しい電化製品が出ると家財が増え、捨てるものが増えるといえばわかりやすいですね。

でも、生きているものであれば、無限に変化させ続け、無限にリカバリーし続けることが可能なので、生体に潜在している可能性をどう引き出して使っていくか、そのためのテクノロジーを開発し始めたのです。

外側にある機器やツール類の数量を増やすのではなく、なるべくそうしたものを使わずに自分の力を使っていくということです。

たとえば、iPhoneがなくてもテレパシーで交信できるとか、そういう感じです。

ただ、ある程度近い種族ならテレパシーが可能ですが、たとえば言語を持たないスライムのような種族とコミュニケーションをとるには、また別のテクノロジーが必要になります。

まず、お互いを理解するためにお互いになること、つまり入れ替わりを疑似体験することが必要だろうということで、それを可能にする「マインドタッチ」(次ページ)という技術が生まれたりしました。

遠く離れた存在と経験を共有したい場合は、立体の自分の分身のようなものをつくるテクノロジーもあります。

AI(人工知能)の発達によってその精度が上がっていくと、実体性を感じ合うことができるようになります。あたかもここにいるかのように現れた立体画像は、五感を持っているし、ハグすることもできます。ただの幻影ではないのです。

魂の視点から見れば(第2章)、どのみちこの現実世界はすべてホログラムですから、実と認識しているものも虚だといえます。

そういうことがあったために、宇宙全体の距離感がすごく縮まり、まず「大宇宙中央議会」が設置されました。

そこに全部の情報が集中して大きなハブのような形になって、すべての情報がすべての存在たちに開示されてその中で選別され、「たとえばこういう対応方法、解決方法があるのでは」といった意見も、全部そこに集中的に流れてくるしくみをつくりました。

こうして違う種族同士の理解が進んだ

もうひとつ、今振り返ると進化の過程で重要なプロセスだったと感じるのは、そのときに、あらゆる存在から、公平に意見を取り入れるため、言語活動をしていない種族や、姿形が違うために、違った形での言語活動をする異種族たちのコミュニケーションを図るためのテクノロジーが急速に発達したのです。

私も1回使わせてもらったことがあります。

それを「マインドタッチ」というのですが、クモ型のET（地球外生命体）とマッチングしたら、自分の手足がクモになったような感覚がわかったり、こうやって手足を使い、こうやって空間認識するのだなとわかったりしました。

そういうテクノロジーが発達して、いろいろな種族の相互理解がすごく進んだのです。

たとえば地球人から見たら、イカやタコは何も思考していないように感じられますが、そんなことはありません。このテクノロジーのおかげで、具体的に彼らの思考体系や優れた点などを理解することができるようになりました。そのためにお互いの協力体制がつくられるようになりました。

宇宙にはスライムのような形のない生き物もいて、彼らはどんな隙間にも入り込みます。そんな彼らは、外側からは何を考えているかわかりません。でも実際にマインドをコンタクトしてみたら、非常にスピリチュアル、霊的だったのです。

石でいえばクリスタルのように透明なものが多いですが、何かに反応したときに七色に発光したりするものもいます。もうひとつのパターンは蛍光グリーン、その一部は非常にアグレッシブで頭もいい。プニプニしているくせに非常に動きが速い。

そうした資質もよくわかって、違う種族同士がすごく身近な存在になりました。

こんなふうに目に見えないウイルスという敵のおかげで、他の種族たちが結束しました。パンデミックを一丸となって乗り越えるのに何ができるかを、すべての種が提示したのです。そのときは本当に感動的でした。

地球人もウルトラハイブリッドの標的に!?

やがて「新しいハイブリッドをつくろう」という一大ムーブメントも起こりました。つまり、異種族間で交配を行うウルトラハイブリッドが大流行したのです。

その理由は前述のように、コミュニケーションテクノロジーが発達したことで、みんなが仲良くなって楽しくなったからです。

そのときに、実は地球人もとても興味深いターゲットとなりました。

どういうことかというと、ETたちが地球人の男女を狙って勝手に子どもをつくってしまったのです。

女性のETは、地球人の男性の因子をキャッチして情報として持っていき、自分の因子と掛け合わせて体外で子どもをつくりました。

そちらはまだいいですが、地球人の女性は大変です。男性のETによって、まったく身に覚えのない妊娠をさせられてしまったのですから。

地球時間では2012〜2013年頃だったと思います。

その頃ちょうど、国連の仕事を委託されているというウクライナ人の知人から連絡が入りました。地球人とETの間に生まれたと思われる子で、容姿が地球人に見えない子たちがいる。国連の出先機関のようなところが、そういう子だけを集めて、たぶんアメリカのどこかに専用の施設をつくって育てているという話でした。

そこまではいいのですが、その知人は「最近、母子ともに消えてしまうことが多発していて困っている。何が起きているのか」とたずねてきました。それこそ、映画『アブダクション』の世界です。ETによる誘拐が頻繁に発生していたのです。

それで、ウルトラハイブリッドのムーブメントが起きているのだと伝えました。

ETたちに悪意はないけれど、地球だけでなくあちこちで大流行になっていると。

ET側からすれば、子どもたちが施設に閉じ込められているのを知り、「劣悪な環境で自分の子どもを育てられてしまう」「大事な未来を担う新しい種族がそんな場所で育つのはとんでもないことだ」ということで、快適な環境で暮らせる場所に連れ去ったわけです。その際、子どもだけでは寂しがるからと、お母さんも連れていかれたというのが真相です。

彼らはそちらで大事にされているし、どうせ地球では外に出られないのでそのほうがいいのかもしれません。でも、まったくニュースにならないところで、そうしたケースが何千人も出てしまっていたのですから驚きます。

実は私の知っている中にも、状況的に不可能なのに妊娠した女性たちが3人います。夫が単身赴任で転勤中だったり、夫が糖尿病で妊娠できるはずのない人、もうひとりは、夫と離れて、身内の介護のために実家に帰っている最中だったのに妊娠しました。

第2章

★

魂のしくみ

そもそも宇宙と生命はこんなふうになっている

宇宙人にはどんなタイプがあるのか?

第1章では、最も進化した平行世界の宇宙人類や生命体が、パンデミックにどう対処したかという話をしました。いうまでもなく、皆さんが属するこの世界の宇宙にも、さまざまな人類や生命体が存在して、互いに影響を与え合っています。

ここでの人類とは、いわゆるヒューマノイド（地球人を含むヒト型宇宙人）のことです。

最初にできたヒューマノイドは、他の生き物たちの集合意識によってつくられました。まるで恐竜のように生きることしか目的がないような状態にあった宇宙の生き物たちが、「宇宙の冬」と呼ばれる時代に冬眠のように眠りについたとき、集合意識上に現れたのが最初の人類種だったのです。

その後、その生物は現実世界に出現しましたが、最初の人類種は、今皆さんが遭遇しても決してヒトとは見えないような姿でした。そう、どちらかといえばイルカ、クジラに近いかもしれません。

宇宙の生命体たち

ヒューマノイド（ヒト型宇宙人）

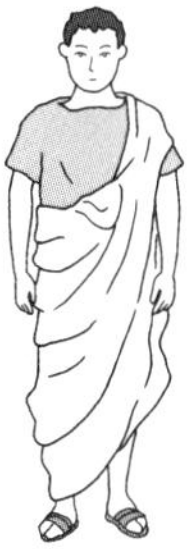

地球人

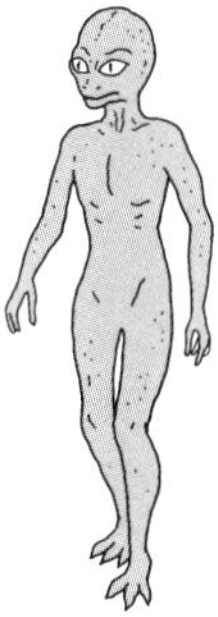

レプティリアン

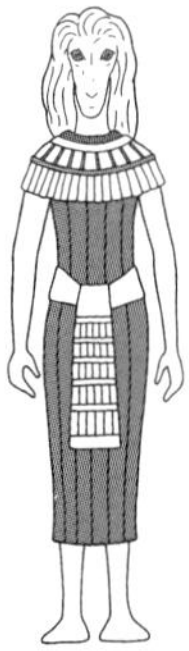

シリウス系人類

地球外生命体（ET）

ドラコニアン

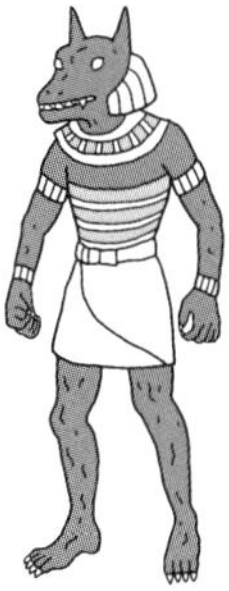

オオカミ族

五感がまったく発達していなかったので、後に別のタイプのＥＴの遺伝子を掛け合わせて、五感を発達させていきます。

時代がずっと後になって、宇宙の次元がずっと低くなるにつれて、現実世界はより明確になっていきます。それに伴い、宇宙の中でも特に遺伝子工学に長《た》けたエリートといえるシリウス系の種族やドラコニアンの亜種たちが、生命の探求のためにそれぞれの技術を駆使してヒューマノイドを生み出しました。その中でも、最も多くの因子を掛け合わされてできたのが、今の地球人類です。

地球をサポートしてくれる存在がいる？

レプティリアンも和名では爬虫類《はちゅう》人型生命体などと呼ばれるヒューマノイドの一種です。彼らは、他のヒューマノイドやＥＴたちとともに古くから地球でさまざまな活動を繰り広げ、その痕跡が神話や伝説などの形で世界中に残っています。

そして、今でも地球を舞台に活躍しているのですが、このことを知っている人の多くはレプティリアンを「悪い宇宙人」と認識しています。

というのは、彼らは人間に擬態して、金融資本家、政治家、高級官僚、メディアなどの内部に入り込んだり、これを操ったりして、陰で地球を支配しているとされているからです。

でも私には、なぜそんなにレプティリアンたちが悪者にされているのかわかりません。彼らの中にもさまざまな意見を持っているものがいて、また好き嫌いもあります。つまり「地球人は悪者だ」と言われてもピンとこないですよね。善人もいれば極悪非道の地球人もいるでしょう。

レプティリアンの中にも地球人を助けてきた者たちもたくさんいるからです。

もちろん、助けてくれているのはレプティリアンばかりではありませんが、まず挙げられるのが、テクノロジー面での進化を助けていることです。

あと、時々地球上で放射能がダダ漏れになっているのを、彼らが処理しています。これは地球人のためにやっているのです。

宇宙人のタイプにもよりますが、放射能がまったく平気な宇宙人類もいます。自分自身から大量の放射能を放出している場合もあります。一時、メキシコあたりにそういう宇宙人類が頻繁に来ていて、その人たちが通過した後を通るだけで被曝するようなケースもあったようです。

私たちは、知らないところで宇宙のテクノロジーの恩恵を受けています。地球人から見れば、地球人をサポートしてくれる存在は、よい存在で、自分たちの利益のために搾取する存在は、当然悪い存在となります。

しかし、立場や見方が変われればそれらは反転します。ですから、宇宙文明の多くは善悪といった概念を持ちません。すべてが非常に多様な宇宙では、それを判断する必要がないといってもいいかもしれません。たとえば、「所有」という概念がなければ「盗み」はありませんよね。

魂にとってはすべてがゲーム

レプティリアンや、それ以外の地球外生命たちが思いのままに人を動かし、政治や経済そして宗教に至るまでの世界を牛耳って莫大な富を集めたりすることも、地球人からすれば「悪いこと」と言われがちですが、それも善い悪いではないのです。

たとえば、皆さんは大人でもゲームをやるし、その中でゲットできるものがあれば、どんどんゲットしますよね。そのことに善い悪いはないのと同じです。

彼らにとっても、私たちにとっても、地球はゲームのステージでしかないのです。より多くを獲得するゲームをしているだけなので、私たちもそうですが、もらえるものがアルミ製のメダルであろうと、画面に表示されるポイントであろうと、どんな手を使っても獲得しようとしますよね。

それを「所有したいから」ではなく、単にそれをするのが楽しいから、できるだけ獲得しようとしているだけなのです。

たとえば私たちがパソコンでゲームをするとき、アバターに何をさせてもそこに罪悪感はないですよね。たとえば、アバターが独裁者になって他国を占領したとしてもゲームはゲームです。それと同じように、他の宇宙人からすれば「えっ、何が悪いの？　ゲームじゃないか」という感覚なのです。

彼らがアバターとしての地球人に自分の因子をちょっと入れると、自分の分身のように共通認識を持って働いてくれる、そういう感覚であって、所有欲や支配欲を満たす感覚とはちょっと違うのです。

さらにいえば、私たち地球人も、自分たちの魂の源であるマスターソウル（42ページ）から、あるテーマを持って、いろいろな経験を積むために地球にやってきた存在です。

そういう意味では、私たちがこの人生でやっていることも、本質的にはすべてゲームなのです。

日本の神様は実は宇宙人だった

これまで日本に降りてきた宇宙人は多くいて、それぞれ種族が全然違います。

まず天孫系の神社に行くと、だいたいそこに祀《まつ》られているのはドラコニアンです。

その前にいた国津神《くにつかみ》と言われる存在は、ドラコニアンとはちょっと違う種族です。

さらにそれよりも前から先住していた神たちもみな、はじめは地球外からやってきました。見た目は人間に近いと思います。

アメリカで先住民族がヨーロッパ人に追い出されたのと同じように、地球とそれ以外の宇宙文明の間でもそうしたことが繰り返されてきたのです。

いわゆるアイヌの神様で、アラハバキと呼ばれる神が、日本ではいちばん古いと言われているのではないでしょうか。

元々アイヌの人たちと、青白くて小さな人たちと言われていたシリウス系の人たちが日本列島全体に生息していました（沖縄人もアイヌと一緒です）。

私の知るところでは、シリウス系の人たちが最も古く、あとから入植してきたのがアイヌの人たちです。しかし、その2つの種族は、対立することなく互いにうまくシェアリングする関係が自然にできました。

なぜなら、青白くて小さな人たちは、人を喜ばせることが好きで、小さな身体であるにもかかわらず、仲間と連携して大きな仕事をすることが非常にうまく、アイヌの人たちから過酷な労働を強いられても、まったく困ることはなく、むしろ楽しんでサービスすることができたからです。

そのために、アイヌとシリウス系のこの種族の間にハイブリッドがたくさん生まれてきました。

しかし、その後に降りてきたETたちが、彼らを打ち負かして辺境に追いやったのです。

マスターソウルとは何か？

ここで、宇宙や魂のしくみをきちんと理解していただくために、すべての魂が還る場所である「マスターソウル」について、また、地球人の魂が置かれてきた特殊な環境について、説明しておきます。

『「あの世」の本当のしくみ』や『「魂」の本当の目的』を読まれた人や、すでに十分な知識のある人は、これらの部分は抜かして読んでいただいてけっこうです。

マスターソウルと魂

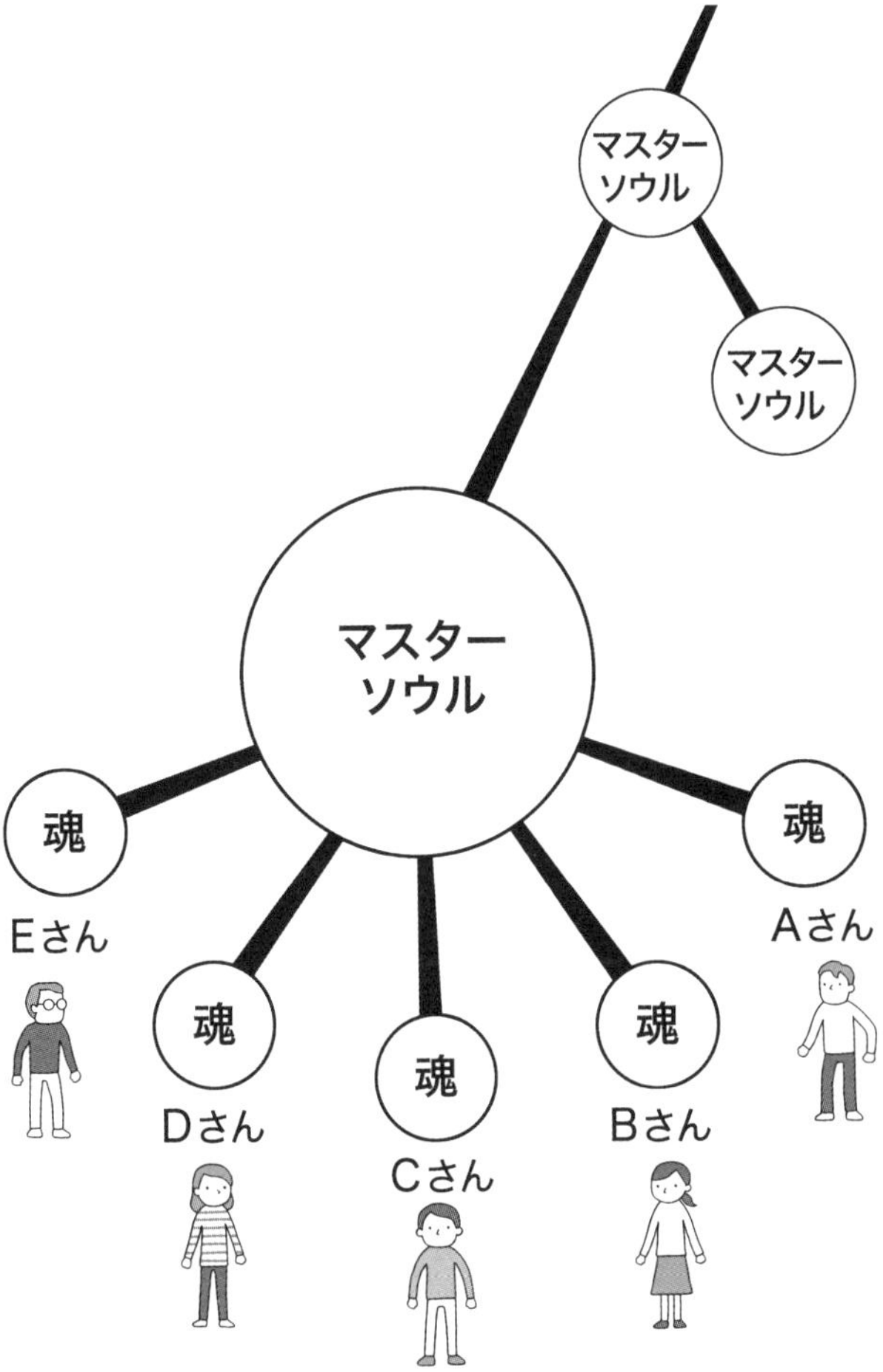

私たちは元々、宇宙に存在するマスターソウルという意識体（魂のグループ）から分離した魂として、この地球にやってきています。

地球に生まれるいちばんの目的は、霊的な意味では「魂を成長させて、より多くの可能性を探求するため」です。

マスターソウルは多数ありますが、それぞれが違ったテーマを持ち、その目的に応じた可能性を追求しています。

個々の魂は、マスターソウルのテーマの探求のために必要な情報をいくつも組み合わせ、自分の中に保存してから物質次元に生まれてきます。

そして、さまざまな経験によって知恵を得ると、それらの情報を書き換えます。情報は常にマスターソウルと同期しているので、マスターソウル側でもただちに更新されます。

それぞれの魂の使命は、自分がマスターソウルから持ってきた情報を、より洗練された高度なものにすることです。

肉体の死を迎えると、魂は一度アストラル界（52ページ）へと進み、そこで今回の人生でどんな経験を通して何を知ったのか整理します。その後マスターソウルに還って自らをリニューアルし、また次の人生のために必要な情報を持って宇宙のあちこちに散らばっていきます。

つまり、マスターソウルは、自らの好奇心に基づいて「情報」をどこまでも洗練させていくために、宇宙のあらゆる場所に自己の分身である魂を派遣して、成長のゲームを展開しているのです。

地球はかつて「流刑地」だった

ここまでの説明でおわかりのように、私たちの本体は、実はここにいる自分の肉体でも魂でもなく、マスターソウルそのものです。

他の宇宙文明へ行った魂は、その感覚を持ち続けています。

でも、地球人はその感覚がありません。

なぜそうなったかというと、地球は長い間、宇宙のある巨大勢力によって勝手に所有地として扱われ、囚人を送り込むための「流刑地」として使われてきたことが、その背景にあります。その状態は1万数千年前から2300年ほど前まで続きました。

囚人といっても、必ずしもその全員が犯罪人というわけではありません。その勢力の支配層にとって都合の悪い人物、たとえば彼らの利益に反するようなフェアなしくみづくりに取り組んだ人や、あまりに優秀すぎて妬みを買った人などもいるのです。

そうやって地球で生きることを強いられた彼らは、死んで魂になっても、マスターソウルに還れないようにされてしまいました。

彼らがマスターソウルに還り、また以前のようなテーマを持って元の世界に生まれてきたら、宇宙文明の権力者たちにとって、都合が悪いわけです。

そこで「幽界」という装置を用意し、肉体を失った彼らの魂がそのトラップにはまるようにして、自分たちの世界に戻って来られないしくみをつくりました。

それによって、罪人として地球に送り込まれた人も、自ら選んで地球に生まれた人も、死後の選択肢は次の2つしかなくなってしまいました。

ひとつは、幽界に行ってそのまま閉じ込められること。

もうひとつは、幽界で過ごしてから再び地球に生まれ、死ぬとまた幽界へ行くというふうに、幽界と地球の間を行ったり来たりすること。つまり、輪廻することです。

魂の記憶がないまま輪廻を続けた地球人

地球人の多くが死後の世界としてとらえている天国も地獄も、実は幽界にあります。

自分は天国に行くと思って死んだ人は、その人のイメージ通りの天国（に見える幽界）へ行き、地獄に行くと思って死んだ人はイメージ通りの地獄（に見える幽界）へ行きます。

どちらの場合も生きていたときの価値観や概念をそのまま持っていき、延々と、夢の中で天国や地獄を体験しているような状態に置かれます。

また地球に生まれるときは、自分の意志ではなく、幽界の管理者の指示でお母さんのお腹に入ります。

それでも、生まれることができるからいいのかというと、実はこれにも問題があります。魂は、アストラル界に還れればそこで地球的な概念から解放され、次の人生のための準備ができるのですが、幽界ではそれができないのです。

そのため、魂の情報は整理されず、元々持っていた目的は果たせないまま、それ以前の人生と同じようなことを繰り返すことになります。

これが「輪廻」の正体です。

輪廻を繰り返せば繰り返すほど魂はだんだん劣化していき、「自分が何者で、何のためにそこに生まれてきたか」を忘れていきます。

ほとんどの地球人が魂の記憶を失い、マスターソウルが本当の自分だとわからなくなっているのは、長い間そうした状況に置かれてきたためなのです。

幽界はもう存在しない

喜ばしいことに、地球人を輪廻の輪にからめとり、マスターソウルに還るのを阻んでいた幽界は、もう存在しません。

地球が流刑地としての役割から解放されたのは2300年ほど前ですが、その頃から宇宙からの干渉が入り、幽界をなくそうとする動きが始まったのです。最も進化した平行宇宙に存在する大宇宙中央議会、そのセクションのひとつであるアインソフ議会が幽界の撤去工事にとりかかりましたが、これは決して簡単な作業ではありませんでした。でも、2018年の6月頃に撤去工事は完全に終わりました。

幽界があった頃は、死んでから目の前に閻魔《えんま》様や神様などの裁く存在や、天国や地獄の風景が現れたりしたとき、それを受け入れてしまうと、もう幽界にはまって出られなくなっていました。

幽界のトラップが強力だったせいもありますが、生前に人の評価を気にしたり、自分自身をジャッジ（評価）し続けていた人ほど、幽界にはまりやすかったのです。裁く存在も天国も地獄も、自分が生きていたときの概念をそのまま現実化したものですから。

それでも、幽界をすり抜けて、しかるべきルートでアストラル界に行く道筋も用意されてはいたのです。

死んだ直後の人は、個人差はありますが、多くの場合一度真っ暗な闇の中に入りました。そこで待っていれば、アストラル界の奉仕者たちが迎えに来てくれるので、一緒に光のトンネルをくぐっていけば無事にそこに行くことができました。

だから私も、『「あの世」の本当のしくみ』などの既刊本では、「幽界の存在らしきものが現れてもだまされずに、まわりが真っ暗になるのを待って、怖くてもそこでじっとしていてください。そこへ迎えに来る相手には恐怖は感じないですよ」とアドバイスしていました。

でも幽界がないこれからは、亡くなった瞬間にそこに見えているものをはっきり見ているだけでアストラル界に行けます。

死んだらまず何をするのか？

ただ、クロスオーバーするのに何日かかかったりすることはあると思います。
クロスオーバーとは、自分に肉体がなくなったこと、そして、時間や空間に縛られる次元にはすでに存在していないことを認識でき、その次元でのあり方を習得することです。

仏式の葬儀で初七日があるように、この世界で自分が何をしてきたか、もう一度確認するために自分の縁が深いところを回ったり、思いが残っている人たちに挨拶したりする期間が設けられています。

そういう、自分が自然とやりたいと思うことをひと通りこなすと、この現実世界のものではない他のものが見えてきます。アストラル界からガイドとして迎えに来てくれる存在や、そちらの世界で出会う死者の仲間などです。

ガイドや仲間たちは、人間としての格好とは違ってオーブ（光の球）になっていますが、それでも誰なのかがわかるようになります。

今は誰もがマスターソウルに行ける！

地球に生きたすべての生命が亡くなったあとに行く世界がアストラル界です。

そこでは、魂が、地球に生きていたときの地球独特の概念から自由になるためのリハビリを受け、また、所有することやより多くの評価を得ることなどに縛られることなく、本来の自由と公平を経験し、自分の尊厳を回復するための時間や、また次の人生に対する動機を確認する時間を過ごします。

魂はそこを経てマスターソウルへと還っていきます。

幽界がなくなるまでは、地球で亡くなってアストラル界に行ける人はほとんどいませんでした。非常に難関だったのです。

それでも行けたのはマインドが自由で視野の広い人、とらわれが少なくて創造的な人です。

逆に、トラウマがあったり、非常にジャッジが強い人などは、特定の価値観や概念にとらわれているので、無条件に受け入れられることや、敬われることに慣れていず、かえって警戒してしまいます。また、被害者意識が強い人もダイレクトにアストラル界には行けませんでした。

でも今は、誰でもアストラル界に行けるようになりました。「行ける」と思えば全員が行けます。仏教で言われるような悟りを開く必要もありません。

すでに幽界はないのですが、自分の意識のとらわれによってアストラル界に行かずにとどまろうとしてしまう魂もいるので、「死んだらアストラルに行くんだ」と認識して、そのつもりでいることが大事です。

アストラル界に行くのを邪魔しているのは善悪の概念だと思うので、まずは「死んだら善悪はなくなる」と思ってください。死んだら誰もあなたを裁く人はいないのです。

魂のリハビリセンターでやっていること

アストラル界は、とてもリアルな世界です。最初は、アストラルボディといってその世界での自分の肉体があるし、リアルな感覚もあります。

最近は亡くなっていくときの認識もだいぶ変わってきているので、最初からいきなり身体のない世界へ行く人も多いのではないかと思います。

でも、あまりにも地球人独特の概念に縛られていると、最初のうちはリハビリが必要なので、そのための身体がいるわけです。

たとえば極端に身体を傷つけた人生だったとすると、アストラルボディを持ちます。痛みや苦痛を肉体が抱えたままにならないように、病院のようなところで完全に回復させてから次の段階へと進みます。

特に戦争などが頻繁に起きていたときは、負傷して亡くなった人は死後も痛みを引きずっていたりするので、そこから解き放たれる必要があります。

今は水瓶座時代に突入して、今後は地球人の考え方も変わって既存の概念に縛られないようになるので、今までのような死後のリハビリなどは必要なくなる日も来るでしょう。

生きていたときの意識にとらわれ続ける人

幽界がなくなったにもかかわらず、まだそこにとどまっているかつての軍人たちは、責任感が強く、アストラル界の奉仕者たちが迎えに来ても、またアインソフ議会からの救援部隊が来ても、「部下たちを残して行くわけにはいかない」などと言って、そこを動こうとしません。

あまりにも強い意志を持って生きていたので、自分がすでに死んでいることに気づけずにいるからです。

このように、現実世界に強い意志や責任などを持ちすぎてしまうと、その世界から意識を自由に解放することが難しくなってしまうのです。

でも、現代人の多くは、人生の中でそこまで強い責任を持ったり、あるいは目的意識を強く持って意志力を発動させるような生き方をしている人は、当時と比較すると、圧倒的に少ないでしょう。

のらりくらりと、「月末の支払いさえ乗り越えられれば、まあいいか」みたいな生き方をした人も少なくないはずです。

そうすると、身体のない状態になじむのに、さほど苦労はいりません。なんだかおかしな話ですね。まあ、生きながらにして死んでいるような人生なのかもしれません。

そんな人生を生きていたとしたら、死後も生きていたときの感覚がそのまま残っていれば、死んだとき「やれやれ」という感じになりますね。寝たり食べたりする必要がなくなるし、給料明細を見なくてもいいし、確定申告をしなくてもいいし……と、肩の荷が下りたような感じになるでしょうね。

スピリットになると価値観はこう変わる

でも、本当は違います。死んだという認識ができたとたんに、もうヒトではなくてスピリット（霊）になりますから、「あー、肉体があるうちになんでもっと自由にいろいろなことに挑戦しなかったんだろう」「なんでもっと肉体を通して楽しめることをしなかったのか」と、積極的になるんです。

それでも、後悔するというよりは、次の人生のモチベーションを高めるというほうが強くなります。それが救いですね。

感情面では、残してきた家族が寂しがっているのが、心配になることはあるでしょう。自分はもう寂しくないのですが、憂いは感じるのです。

だから、なんとかして「安心してほしい」と伝えたいという思いはあると思います。現実世界での時間に置き換えると2週間くらいは、家族に納得してもらったり、心配や不安を軽減してあげる時間があります。

私の夫は、亡くなって7日目に突然言いました。

「ごめんね。僕はもう人間じゃなくてスピリットだから、あなたの感情をダイレクトに共有することはもうできないんだ」と言ったのです。

相手の思いを自分の経験から予想することはできても、同じ人間としての共感とは違うようです。

やはり肉体があり、五感があり、脳があり、ホルモンが分泌されていている状態が、人間に共鳴できる条件だからです。

私が悲しがっていることはわかるけれど、彼からすれば、一緒に悲しむのではなく「理解している」という感じです。だからなんとかしてあげたいけれど、それは「相手が悲しまないようにするのではなく、悲しみを受け入れられるようにする」という方向になります。

だいぶ価値観が違いますよね。自分の死をちゃんと受け入れて成長するとか、何か新しい可能性を切り開くような方向に向かわせようとしている、そのためのサポートを精一杯してくれていると感じます。

第3章

★

コロナウイルス「恐怖」が感染を引き起こす

何が免疫力を下げたのか？

平行世界の最も進化した宇宙では、無意識や無関心という、人間のモチベーションに対してマイナスに働くものがウイルス感染を引き起こしました。

それは新型コロナウイルスの場合も同様です。

私はこのウイルスが出始めた当初から言っていますが、不安や恐怖がある場合、感染のリスクが高くなります。

もうひとつ、恐怖のためにアグレッシブになるタイプの人も同じようにリスクが高くなります。

では、恐怖をあおること、恐怖することがなぜいけないのでしょうか。

それには「水」が関係しています。

細胞膜のまわりには水の層があり、その水が細胞1個1個をコントロールしています。その水が健全な状態なら、周囲と絶え間なく情報交換をして関係性をつくり

水の分子構造

1つの水素分子

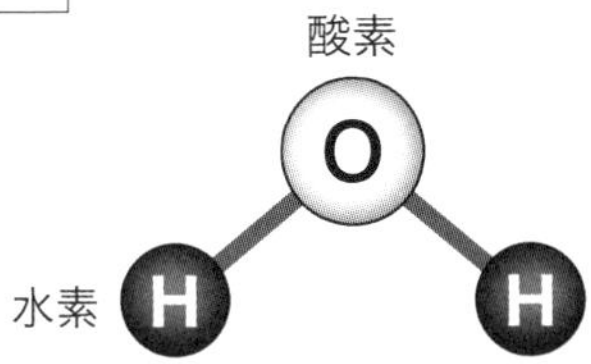

いくつもの分子がつながり合って水になる

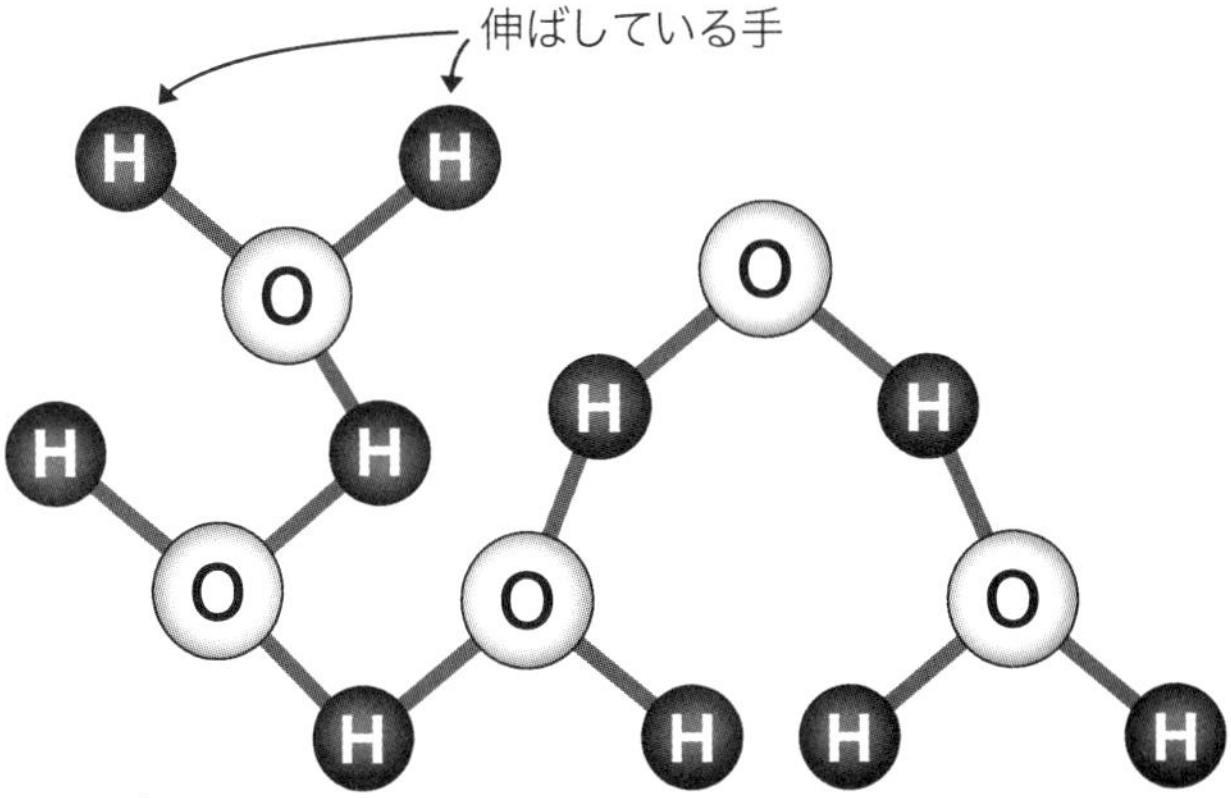

続けます。

その結果、全体の中での自分の状態を認識することができ、たとえばアポトーシス（個体をよりよい状態に保つためにプログラムされた細胞死）が働くなど、正常に機能して、何か異変が起きたときに細胞自身が自滅していくようになっています。

元々健全な水というのは、他のものとつながり合おうとするので、分子構造上、H（水素）が外に向かってたくさんの手を伸ばしています。

しかし、恐怖している人の細胞膜を取り巻く水は健全ではなくなっているので、人間が怖いと感じたときに自分の手を引っ込めるのと同じで、水分子にもそういう状態が起きます。だから、どこともつながり合えない状態になって、細胞の対応が遅れてしまうのです。

コロナへの恐怖だけでなく、あらゆるものへの恐怖が人間の免疫力を下げます。

今回のパンデミックに関して、日本の報道は、恐怖をあおる以外の何物でもない役割を果たしています。そこまでやるのかと思うようなあおり方で、それが人々の免疫力に影響しているのは間違いないでしょう。

また、たとえ気分は前向きであっても、家に閉じこもりがちだと危険です。ヒトの生命エネルギーは意識の交流で強くなります。なぜなら、意識はヒト周囲を取り巻くヒューマンエネルギーフィールドのエネルギー作用で起きますから、意識＝エネルギーということなのです。そして、この作用は周囲の現実や他者との関係性によって起きます。

だから外出自粛で家に引きこもって、周囲との関係が持てない状況になれば、ヒトの生命力が落ちてしまいます。

リスクなく予防するたったひとつの方法

今回のコロナウイルスも、もっと強力であるべきものでした。

なぜなら、このような形でじわじわ来るのではなく、平行宇宙で起きたパンデミックのように、一気に拡散されることによって、何も対応することができない状況になれば、人々の意識は一気に変化せざるをえなかったでしょう。

国の対応が遅れれば、人々は自ら率先して対応しなければなりませんから、それぞれ考え方や見解は違っても、お互いを非難し合っている余裕もなかったかもしれません。今は一般市民がマスクをしていない人やソーシャルディスタンスを確保できない状況をつくっている人をまるで犯罪者のように非難します。

もし、全世界の大半の人が感染していたら、ロックダウンしたところで意味がありません。むしろ、世界が正しい情報を求めて協力し合う状況が生まれていたかもしれません。

そして、ウイルスと終わりなき戦いにもつれ込むより、正しい認識を得たうえで、必要とする新たなテクノロジーが開発されたりして、そのことによって人々の意識が大きく変わる可能性も出てきます。

しかし、今からでも遅くはないはずですから、改めて「生きる意味」を考える必要があるのではないでしょうか？

ヒューマンエネルギーフィールド

主に大脳の機能をコントロールしています。人間が人間として思考し、物事を判断し、意志決定して行動を起こし、それによって生じる現実的な出来事を経験し、それを記憶します。また、記憶を元にして物事について思考し、判断するというサイクルを続けています。大脳は「サバイバル脳」とも呼ばれ、より効率的に生命維持を図ろうとした経験があり、うまくいくと保証できることを繰り返し選択させようとします。

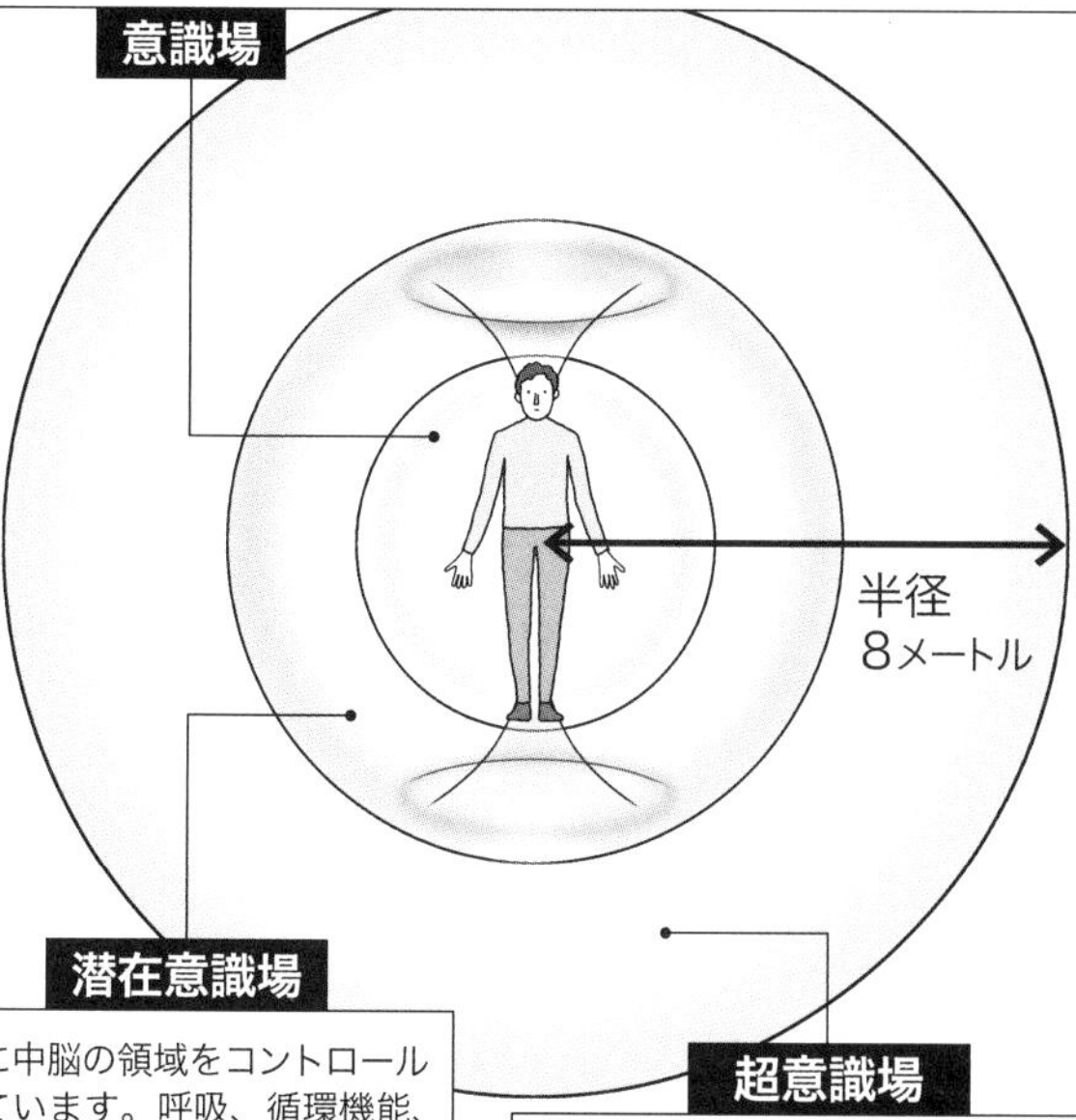

主に中脳の領域をコントロールしています。呼吸、循環機能、泌尿器系の機能、恒常性機能、内分泌系機能、アポトーシス等、人間が無意識に行う生命維持のための肉体的生理現象を促しています。また、感情の一部や、感覚、特に超感覚能力にも影響を与えています。

主に小脳をコントロールしています。人間が人間となる前の霊的存在としての視点を維持し、その立場から物事を観察し、個としての霊的成長を優先するように働きかけると同時に、その人生において魂の目的をまっとうできるように促します。

あらゆる行動、活動を制限されてまで、ただ生きながらえていることに意味があるのか？

コロナウイルスに対する対策はワクチンしか本当にないのか？

すでに変異種が出ています。ワクチンを打つことでさらに変異種が現れることを促進するリスクについて、ちゃんと伝えられているとも思えません。

何よりも皆さんがこのウイルスが持つ振動と共振しない領域に意識を変化させることがリスクなく予防する方法です。

必要なのは「分離」ではなく「統合」

実は、今の地球の進化のために絶対に必要な条件があります。それは物事が分離していくのではなく、統合の方向に向かうことです。

だとすれば、今、国同士が交流できずに分断され、人々も交流することが圧倒的に減少して分断された状態にありますから、統合の方向に向いているようには思えません。

しかし、コロナウイルスの感染状況が今後もっと深刻な状況になれば、もう少し国同士が歩み寄りを見せるかもしれませんね。今の状況を私はまるで体のいい強制収容所のようにしか思えないのです。これはまんまとはめられているのでは？　と思えてしかたありません。

死後の世界はパラダイスなのに……

死後の世界（アストラル界）は苦しみも痛みもないパラダイスです。

そこでは地球的な概念を手放して、スピリチュアルな感覚を徐々に取り戻していきます。

地球のような時間が流れているわけではないですが、アストラル界にも、プロセスという意味での時間はあります。その段階であまりに環境が変わると地球での傷を癒すことが難しくなるので、地球と似た環境になっています。それでも地球ほど時間の縛りが強くはないので、そこで思ったことは、それが何であろうとすぐに実現化します。

地球に生きていると、常にさまざまなことを心配しています。ですから、望んでいないことを思ったり考えたりイメージしていることがとても多いことに、この世界では気づくでしょう。もちろん、そのような思考パターンを持ち込むことがないように、この世界ができているおかげで、そのように望まない現実を創造することはありませんのでご安心ください。

もちろんお金はありませんし、病気で亡くなった人もそこではもう病気ではありません。

少し前までは、幽界から抜け出せなくなっていた人をアストラル界からレスキュー隊が出動して救い上げてくれました。

一度幽界にとどまってしまった魂は非常に重たく、「自分は傷ついている」と錯覚しています。亡くなった瞬間に傷はもう消えているのに、その傷ついた状態に固執しているので、身体を持っているというそのままの意識でアストラル界に連れていかれるわけです。

そうすると、アストラル界に着いて最初のうちはいいのですが、アストラル界で自分たちのリハビリを手伝ってくれる人たちと接しているうちに、彼らに対して劣等感を感じたり、わがままを言うようになる人も多いのです。

なぜなら、そこで奉仕活動している人たちは、ものすごく優秀だからです。

地球人だったらそういう奉仕活動をすると疲弊してしまいますが、その人たちはどんなに奉仕に時間を費やしても疲れないし、わがままを言う人に対しても寛大に対処してくれます。

「どうして私がこんなところに。こんなはずじゃない」とか言い出すのは当たり前で、なかには、もう死んだときの状態とは違ってちゃんと歯が生えているのに気がつかず、「入れ歯がない」とか言う人がいたり、「お前が通帳を盗んだんだろう」みたいなことを言う人もいます。

幽界を通らず、直接アストラル界に行った魂はそんなことはなかったのですが、幽界から脱出させられた幽霊は、そんなふうにいろいろと手がかかりました。

アストラル界の奉仕隊は、それらに対してもひとつひとつ丁寧に対応して、「あなたはもう死んだのですよ」と辛抱強く理解させていました。

どの魂もこの世の仕事をやりきって去っていく

死は残念なことではありません。

また、死に偶然は絶対ありません。ただ、自分ではっきりと「この日」と決められるわけではなく、「ここまではやらないと私は絶対マスターソウルへ還らない」と自分自身の魂が決めているということです。

また、同じようにウイルスに感染しても、亡くなる人と亡くならない人がいますが、亡くなる方はやはり単純に寿命なのです。

自殺の場合も、人生をやりきったから死ぬことができたのです。

病死、突然死、事故死、殺人鬼に殺されても、植物状態の末に亡くなっても、どんな死に方であってても人生をまっとうしたから死ねるので、天寿をまっとうしたということです。

私は常々なぜ地球社会では、尊厳死を認めることがないのかと疑問に思ってきました。もちろん、地球に生きた魂が長い間輪廻を繰り返しているうちに霊的な感覚を忘れてしまうことは、とても大きな問題だと思います。霊的な感覚がなければ、死を決断するために必要なことが何かもわからないかもしれないからです。

しかし、死にたくて自殺しても死ねないということは実際たくさんあります。それは、もちろん魂が死を決断していないからです。しかし、いずれにしても死を他者に決められる必要はありません。死こそ自分自身にとって最も尊厳を尊重されるときだと私は思っています。

顕在意識が死にたいと言っていても、潜在意識がまだ役目を終えていないと思っていると死ねないし、その逆だと亡くなってしまいます。

この期間生きたらあの世へ行くというのではなく、自分の役目をここまでクリアしたら行くという決意なので、フレキシブルに変わっても不思議ではありません。

予定が変わって途中で亡くなることも、当然あります。

大事なのは、死ぬときに自分の人生を振り返って誇りに思えることです。人がどう思おうと、自分自身が霊的視点を持って「私はやり尽くした」という感覚があれば幸せに逝くことができます。

私の夫は50歳で亡くなってしまいました。もちろん、彼の両親も周囲の友人や知人たちは、彼の死が早すぎると思ったでしょう。

私自身も、彼の人間としてのエゴは、まだまだやりたかったことがたくさんあったように思います。しかし、死に向かうプロセスで、彼の意識が徐々に霊的な意識にフォーカスされていくのを明確に感じることができました。

彼はまるで悟りを開いた存在であるかのように、どんなときにも寛容であり、どんなことに対してもまったく恐れがない様子でした。そして、何より自分の死に対して十分に納得したうえで自ら選択したという感覚を私自身が受け取れるのをじっと待っていてくれたと強く感じています。

つらい別れを選択する魂の理由

たとえば、小さい子どもを残して亡くなった人も、あの世で人生をレビューしたら、それには理由があると気づけるはずです。

子どもが、自分が小さいうちに亡くなっていく親をわざわざ選んだということもわかるし、心残りや心配な気持ちも、わりとすぐに解決すると思います。

もちろんあとに残された子どもは、たとえ人より困難な人生となっても強くたくましく生き抜いて、時には社会にとって非常に大きな貢献をする場合もあります。それはその子のとらえ方次第ですが、遅かれ早かれ必ず納得するはずです。死んだあとに気づくという場合もあるでしょうけれど。

どの魂もこの地球にゲームをしに来ているので、常に順風満帆だとゲームになりません。それで、わざと逆境をつくったりするのです。

親を亡くすよりももっとつらいのは、自分の子どもを先に失くすことでしょう。

私の亡くなった夫の両親は健在ですが、やはり傍で見ていると、この両親は「自分の子どもが先に死んでしまうかもしれない」と潜在的に知っていたのではないかと思うことがあります。

夫が亡くなったあとで、義母は「こういうことだったのね」と言っていました。生まれたときに、なぜか「この子は私の子じゃなくて預かりものなんだ」と思ったのだそうです。最初の子だからみんなこう思うのかなと思い、そのまま忘れていたけれど、弟を産んだときはそんなふうに思わなかったのだそうです。

「よく考えると、育てるときには何も苦労がなくて、全然手のかからない子だった。これが預かりものということなのかしら。やがて手放さないといけない子だったから、手をかけなくてよかったのかもしれない。同じことが弟に起きていたら、私は発狂していたわ」

そんなふうに言っていました。弟のほうは子どもの頃、身体が弱いうえに交通事故に遭ったり、いろいろと心配してすごく手をかけ、目をかけて育てたけれど、上の子（私の夫）に関しては何も心配することはなかったから、と。

両親とは一緒に住んでいなかったので、しばらくは亡くした実感がなくて済んだようですが、時間が経って私の家に来たとき、「もういないんだ」とあらためて実感して、ズシンときたようです。

アストラル界にすんなり行けない人のタイプ

これから私たちは、誰でも幽界を通らずにアストラル界へ行けます。

まず、それを知っておくことが大事です。

宗教を信じている人は要注意で、「こんなに悪いことをしたから自分は地獄へ行く」と思い込んだりするので、自分の妄想で地獄をつくり出して、そこへ行ってしまう可能性があります。

実際には地獄はないいし、天国もないけれど、天国に近いアストラル界が待っています。そこに迷わず行けば、地球で洗脳された部分が全部きれいに解かれて、生まれる前の元の自分がどんな存在だったか思い出して、その先のことを決めることができるのです。

肉体を持つと、人間は「食べないといけない」「寝ないといけない」という制約を受けます。それはある意味洗脳に近いです。

でも、アストラル界でやることは、そこで起きることをただ受け入れればいいだけです。行く前に、地球でしみついた概念を手放す必要はありません。

そこにたどり着けば担当するガイドがついてくれるので、その人たちのガイダンスに従っていればどんどん元の自分の状態に戻れます。何も心配することはありません。

とにかく、迷わずアストラル界に行くことが大事です。

繰り返しになりますが、アストラル界にすんなり行けない可能性があるのは、評価癖のある人たちです。突然襲われて殺されるのではないかと怖れている人はあまり多くはないでしょう。そんなことより、社会や人から厳しく評価されることがいちばん怖いのではないでしょうか。

そんな恐れを持っている人は、自分自身をしきりにジャッジ（評価）します。そしてこの思考パターンは無意識に癖になってしまっています。そうすると死んだあともその癖は続いて、幽界はもう存在しないにもかかわらず、自ら幽界をつくってしまうことがありえるので、とにかくセルフジャッジをやめることです。

そもそも多くの人は、人生のほぼ大半を、自分に都合の悪いこと、望んでもいないことばかり考えて生きていますから、それを現実化してしまうので、生きている間も幸せを感じるのが難しくなります。

好きなだけ怖がりなさい

恐怖は免疫力を下げ、コロナに感染する可能性を高めるのは事実です。

でも、「それなら恐れを取り除かなければ」「恐れを手放さなければ」と必死にならなくてもいいのです。

恐れは何か事が起きる前のもので、起きてしまったらもう怖いなどと言っていられませんね。多くの人は、「怖いからできない」とか、できない理由にしているのです。

その恐れを取り除くにはどうしたらいいかと聞かれると、私は「怖がりなさい、怖がりながらも挑戦するんですよ」と答えます。

「怖がっちゃいけないと思うのをやめて、怖がればいいじゃない。好きなだけ怖がったらいいんです。だってあなた、お化け屋敷もジェットコースターも好きでしょう？」と。

そうすると、「私、本当に怖いんだっけ？」と思い始めます。実際は、そのような恐怖に明確な根拠はありません。ただなんとなく怖いだけなのです。

自分は本当に怖いのかと考え始めたときに、正しい情報を得ようとしてみたり、実はコロナよりも人の目が怖かったのだと気づいたり、「じゃあなぜ人の目がそんなに怖いんだろう」とか、考えるきっかけになったりしますよね。

恐怖する必要がない人は、逆に、恐怖することを自分に許可しているのだと思います。「怖がってもいいじゃない。なぜいけないの？」と思っていると、意外と平常心でいられるものです。

今現在なんともないのにいろいろなことを怖がっている人は、「自分は起きていないことを怖がっている」という自覚を持つといいですね。

なぜお金がなくなるのが「恐怖」なのか？

お金がなくなる恐怖を持っている人はものすごく多いですが、お金がなくなってもそれで死にはしないですよね。会社をやめても、お店がつぶれても、借金を背負っても、生きていくことはできます。

ですから、お金がなくなる恐怖＝死ぬ恐怖ではないということですね。

では、いったい何が怖いのでしょうか？

私は、お金がなくなったときにどうすればよいのか、アイディアがないことへの恐怖、つまり対処方法を考える力がないと、自分で勝手に思い込んでいるのではないかと思うのです。

ストレートに人の助けを求めることも、ひとつの方法ではあります。もちろん

「助けてほしい」と人に伝えるのは勇気がいることではあるでしょう。プライドもありますから。それに、断られるかもしれないと思うと、もっと情けない思いをするかもしれないと、つい思ってしまいますよね。

でも、単なる寄付とか募金とかでなくても、志があったり、ユニークなアイディアがあれば、クラウドファンディングなどを活用して新たな活動資金を調達することもできます。

とにかく、困っているという理由だけでお金をもらうのは、あまりにもみじめですから、そこになんらかの社会的な意味などが必要になりますね。

一方で、助ける側のことを考えるとどうでしょうか？　困っている人たちや、いわゆる弱者と呼ばれるような立場にある人たちを助けることは、気分の悪いことではありません。むしろ、よいことをしているという点から気分もよく、優越感を感じられる場合さえあるかもしれません。

これは、単純に報酬系神経回路の作用によって、ドーパミンが分泌されるからなのです。つまり、正義や善意に対する報酬というわけです。そして、ドーパミンは中毒性が高いので、人は常に困っている人を助けたり、弱い人たちに意識を向けようとしたりします。

しかし、先述の通り助けることはよくても、助けられる立場になることは、決して気分のよいものではないわけですから、弱い立場の人が誰もいなくなる社会を目指すべきではないでしょうか。

飛躍の切り札はコンプレックス!

さて、恐怖の話に戻りますが、恐怖と劣等感は関係があります。自分のコンプレックスにふれられることを人はひどく恐れます。そして、そのような状況に陥らないように最善を尽くすでしょう。

でも、よく考えてみると、実はこの劣等感を持っている部分にこそ最大の可能性があるといえます。

占星学の世界では、カイロンという小惑星がその人の持つ劣等感を示すと言われています。しかし、私は常々その劣等感を抱いている部分こそ、最後の切り札のように、圧倒的に自らを飛躍させてくれる力だと思っているのです。

誰にとっても自分が苦手だと思っている部分や、深く傷ついていると感じている部分に向き合い、取り組むことは、あまり嬉しくはないでしょう。そこを避けるために、恐怖中枢を作動させているような状態ですからね。

しかし、ここに取り組むことによって、新たな可能性が生まれてきます。苦手だと思う部分にこそチャンスがあるということです。

言い換えると、明らかに自分にはできないと確信していることに対しては劣等感を感じることなどありません。浅田真央選手の華麗なスケートを見て、「なんで自分にはできないのだろう?」と思うのは、同じフィギアスケートの選手くらいです。

おそらく、レオナルド・ダ・ヴィンチに嫉妬する人も、ミケランジェロに嫉妬する人もそう多くはないでしょう。ほとんどの人はただただ敬服するだけです。それは自分にも同等のレベルのことができるなどと思いもよらないし、望んでもいないからです。

したがって、彼らの作品に嫉妬心を抱いたり、また比較して劣等感を抱いたりするとしたら、その人自身も相当のレベルの才能や能力を持っていると言っていいのです。

そう考えると、自分の劣等感の裏に潜んでいるのは、素晴らしい可能性だということができるのです。


ですから、冒頭でも申し上げましたが、人が恐れるのは、決してお金がなくなることではなく、自分が新たな可能性にチャレンジしなければならなくなることを、勝手に恐ろしいと思い込んでいるわけですね。

もちろん、失敗したら人からどう思われるのかという心配も含めてです。

でも、今はすでに水瓶座時代です。この新しい時代は、魚座時代のように、長いものに巻かれていれば誰からも非難されずに済むような時代ではないのです。

自分独自の個性豊かな才能を自由に発揮することこそ、社会の一員としての証《あかし》となる時代ですから、今までとは大きく価値観が変わっていくのは当然です。

この評価社会の中で、みな同じように不安を抱えていますが、何もチャレンジしない人生は、生きていないも同然です。人間はただ生きながらえるために生まれてきたわけではありませんから。

これからの時代は、むしろ、失敗してでも果敢に新しい可能性に挑戦し続けることが高く評価される時代となるでしょう。

第4章

★

水瓶座の時代①

地球はどう変わっていくのか？

大きな時代の転換期がやってきた

この章では占星学の観点から、地球や地球人の課題について語っていきましょう。

占星学とは、広大な宇宙に無数に存在する惑星や恒星が持つ性質や意識が、互いに作用し合い影響し合っている様子をひもとき、それらと宇宙に起きる神羅万象の出来事との相関性について学ぶ学問です。

その中で、地球にダイレクトに影響を与えている太陽系の天体たちと地球の関わりや、地球社会や個人との相関性を学び、ひもとくのが地球における占星学です。

特に、個人が地球という惑星上に肉体を持って生まれた瞬間の天体図をバースチャート、もしくはネイタルチャートといいます。

一人ひとりの天体地図を読み解くと、その人が何のために生まれてきたかがわかり、この人生だけでなく、なぜその目的を設定したのかという過去のことまで見えてきます。

歳差運動と12星座

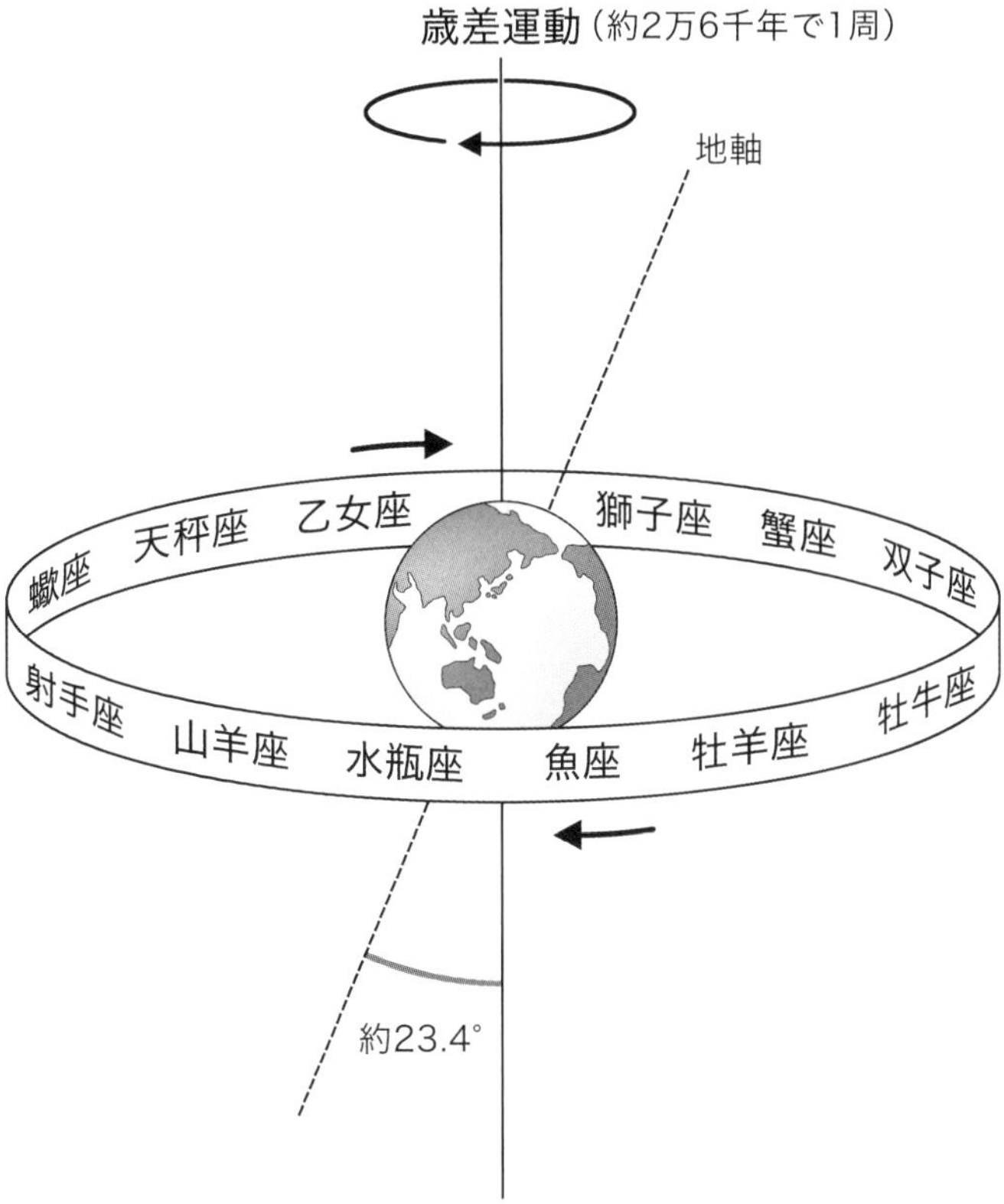
歳差運動(約2万6千年で1周)
地軸
乙女座
天秤座
蠍座
獅子座
蟹座
双子座
射手座
山羊座
水瓶座
魚座
牡羊座
牡牛座
約23.4°

その目的を達成するために、どんな性格を持って、どんな才能や力を持って、現実にどんな出来事にぶつかり、人々とどんな関係性を持っていくかということも全部描かれているのです。

地球から見た天体の動きは、私たち個人の志向や経験する出来事だけでなく、社会全体の傾向や出来事にも大きく影響しています。

地球には歳差運動（自転軸が揺らぎながら、天空に円を描くようにゆっくりと回転していく動き）というものがありますが、占星学上ではその自転軸が指す方角は12星座をひとつずつ巡っていき、約2160年ごとに次の星座へと移動するとされています。

この歳差運動は、これまで魚座の領域で行われていましたが、今は水瓶座に入っています。星座が切り替わった正確な時期は、占星術家の見解によっても分かれるところです。

というのは、この地球が始まった時点で何時代だったのか、正確には誰にもわからないからです。

多くの占星術家は2017年から「すでに水瓶座の時代に入った」と言っています。実際の社会的な出来事を見ても、水瓶座時代の持つ性質が、すでに多くの点で現れているのは確かです。

今はまさに大きな時代の転換期なのです。

新型コロナウイルスのパンデミックも、時代の変化とともに人々の意識が変革を迫られていることのひとつの象徴であるのは間違いありません。

宇宙はすべて「水」でつながっている

地球以外の場所で生きるETもまた、星の配置に影響を受けています。ただ、地球上だけで一生を終える地球人が使っている占星学を、ETにそのまま適用することはできません。活動範囲の広さがまったく違うので、関係する天体もその数も違ってくるからです。

それはともかく、天体の配置や動きが、なぜこれほどまでに人類に影響を及ぼすのでしょうか。

その根本にあるのは水の力です。

そもそも、この宇宙空間はすべてのものが「水」でつながっています。この次元の宇宙以外の他の宇宙とも水でつながっています。

「宇宙空間に水などないじゃないか」という声が聞こえてきそうですが、ここでいう「水」は、海のような液体の水とは別物です。

たとえば、宇宙空間の99％を占めるプラズマは帯電した気体ですが、水に一気に高温が加わることで発生したもので、元は水です。そういう意味で水と表現しているのですが、そう考えるとこの宇宙はほとんど水でできているといえます。

その水は、情報を運びます。水には情報を記憶したり、その情報を更新したり、また交換したりする機能があるのです。

そのように、あらゆる天体とこの地球という惑星自身が、また、宇宙に存在するすべての生命が水を通してつながっています。

2000年以上続いた「魚座の時代」

水瓶座の時代の前は、2000年以上もの間、魚座の時代が続いていました。この本を読んでくださっている多くの読者の皆さんも、人生のほとんどをその中で過ごしてこられたわけです。

魚座時代の特徴は「支配の時代」であることで、社会にはピラミッド型巨大組織がたくさんできます。君主を頂点とした国や、軍隊や、宗教や、世界規模の企業体などが大きな力を持ちます。

また、物事が曖昧になっていく傾向があり、表面的なことと真実が違うといったことがしばしばあります。たとえば本音と建前が違っていたり、社会が多重構造になっていったりします。

隠蔽《いんぺい》されて明るみに出ないことも多く、「秘密」がキーワードとして挙げられたりします。

アンダーグラウンドな世界が非常に大きな組織をつくるなどのことが起きやすい時代です。

人々は、目に見える世界だけでは救われないと感じて、目に見えない世界や、神秘、奇跡などを求め始めます。そこから宗教の巨大組織ができたりするのも大きな特徴です。


また、魚座は12星座の最後のサイン（占星学や占星術では、12の星座をサインといいます）です。そして、牡羊座から始まって魚座で終わる12サインの並びは人の成長の過程を表しています。

いくつもの人生という旅を重ねながら、人は多くの困難や、失敗を経験しながら成長していきますが、同時にたくさん傷ついたりもします。

ですから、最後の仕上げに当たる魚座は非常にスピリチュアルなサインであり、人々は癒しを求めるようになります。

本当の「癒し」とは何か?

では癒しとは何でしょう?

多くの方がヒーリング? と思われるのではないでしょうか。

皆さんは魚座時代の最後の時期、つまり宗教にも、哲学にも癒しを期待できないことを悟った時期を経験してこられました。このタイミングでは、今までとは違った精神世界という名のロマンスが語られ、ヒーリングなるものが流行します。

しかし、ヒーリングの効果は長く持続するものでもなく、なんとなく釈然としないままに、このムーブメントも徐々に静かに消えていくでしょう。

魚座というサインが求める癒しとは、実は智慧《ちえ》を獲得することなのです。

魚座時代の最初に登場したブッダは、人の苦しみの最も大きな原因は「無明《むみょう》」だと諭しました。

「無明」とは智慧のないさまを表す言葉です。つまり、理解できないことが人の苦しみの原因だと言ったのです。

魚座は最後のサインですから、自分の魂が経験してきた多くの人生において経験してきたさまざまな、不条理とも思える事柄にどんな意味があったのか、なぜそのような経験が必要だったのかを理解し、その経験によって霊的に成長した自分自身に誇りを持てるようになることが、本当の癒しなのです。

本質的には、魂の旅のプロセスで受けた傷を治すというよりも、経験したことの意味を理解したいのです。

「宗教や哲学、また、スピリチュアルなどの見えない世界について学ぶことで、そこに理解が及ぶのではないか」と多くの人が思う時代だったのです。

ヒーリングの必要性が叫ばれたり、ヒーラーやセラピストといった職業が生まれたりしますが、そのようなことで本質的な癒しを期待することはできません。

それでも、これまでの科学では証明できないさまざまな現象を多くの人が体験することによって、科学の世界にもたくさんの影響を与えるようになりましたから、それもまた必然で、無駄なことなど何もないことがよくわかりますね。

この「解放の時代」に起こること

魚座は、宇宙を構成する火、地、風、水の4つの元素（エレメント）のうち、水のエレメントに属しているので、切って分けることができない水のような性質を持ちます。

物事が曖昧でクリアにならなかったり、みんなを画一的な価値観におさめようとする動きが出てきます。「みんな一緒」であることを要求される世の中で、自分だけそこから飛び出したりすると迫害を受けたり、疎外されたりします。

風のエレメントである水瓶座の時代は、それとは真逆です。個々人の独自性を重んじます。支配ではなく「解放の時代」です。

最近よく「風の時代」という言葉を聞くようになりましたが、水瓶座は風のサインです。風のサインは「情報」「明確さ」「論理性」「コミュニケーション」といった性質を持ちます。

なかでも水瓶座は社会の完全性を目指すサインですから、今までうまくいっていなかった社会の構造やしくみ、また社会的概念や価値観などを明るみに出して、改善するということがたくさん起きるでしょう。

天王星と土星は最強のサポーター

もう少し占星学の話をすると、各サインにはルーラー（支配星、守護星）となる天体があります。水瓶座のルーラーは土星と天王星《てんのうせい》です。これらはご存じの通り太陽から最も離れたところで公転しています。

占星学では、太陽から離れるごとに、より広域な意味合いを持って作用する天体とされています。確かに多くの方のチャートの中で、水星、金星、火星はより個人的な部分に影響を与えますが、それより遠い木星や土星は、社会的活動をしたとき

8つの惑星が人に及ぼす影響

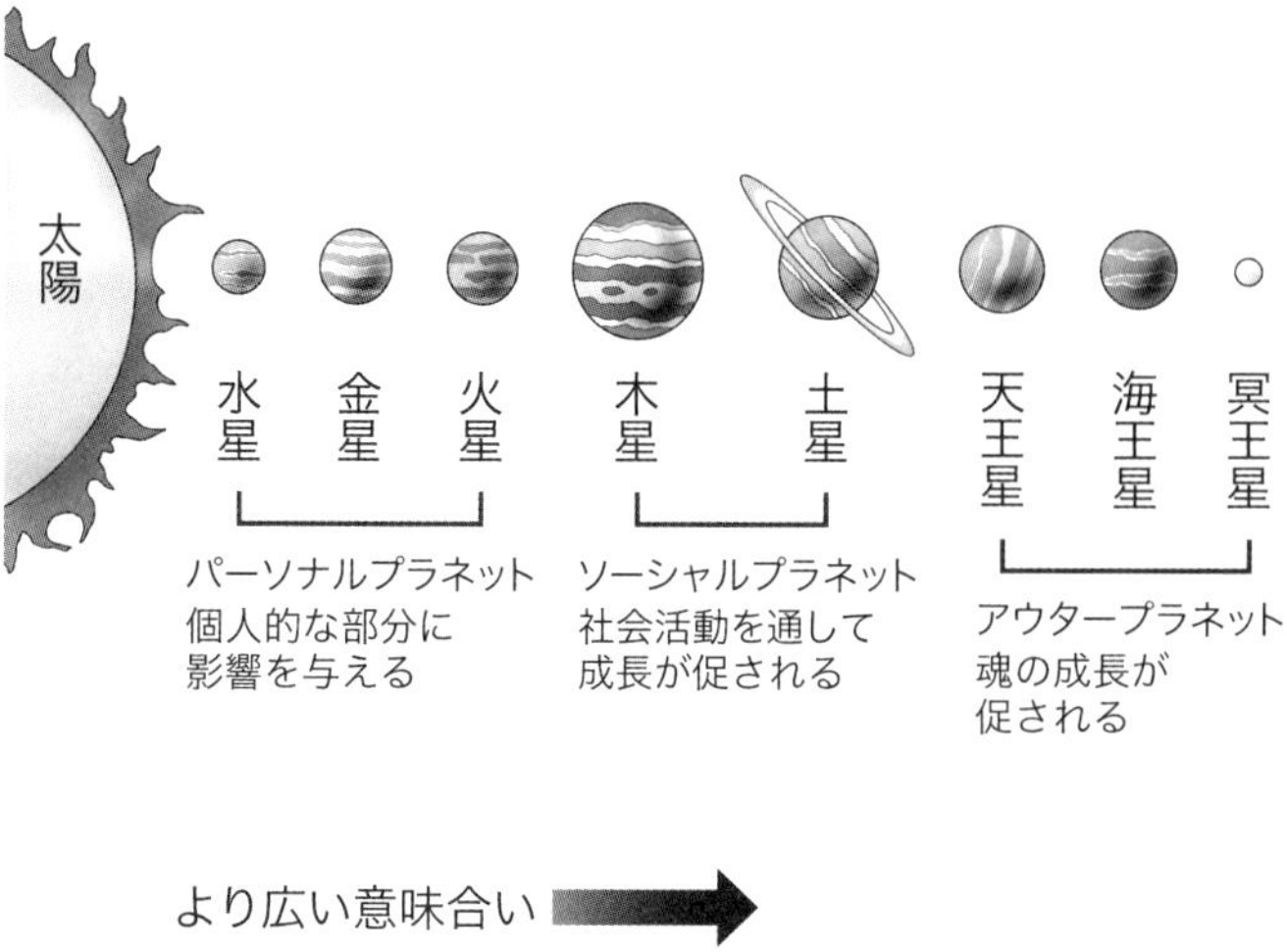

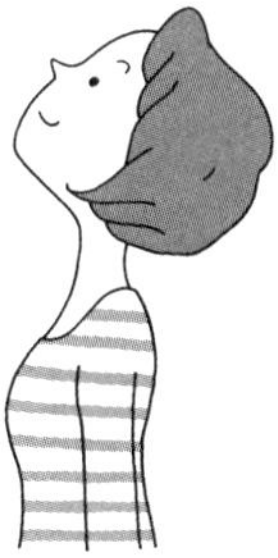

に、どんな経験を通して、どのような成長を促されるかなどを示しています。

そして、さらにずっと遠いところにある天王星、海王星、冥王星《めいおうせい》は、その人のスピリチュアルな側面を意味し、その人の魂がこの人生にどんなビジョンを持ってきたのか、どんな経験を通して、あるいは、何を表現することで、どんな気づきを得て、どんなふうに昇華していくのかなどを示しています。


その中で、水瓶座のルーラーである天王星は非常に強い刺激を与え、またその影響力は絶大です。

たとえば、２０１１年3月11日、日本人のみならず、９・１１と並んで世界中に大きな衝撃を与えた、東日本大震災が起きました。そして、次の瞬間に福島原発の事故が起きましたが、あの原発事故が起きた瞬間に、天王星は魚座から牡羊座へと移行したのです。

このように、非常に激しく衝撃を与えて、問題提起したり、気づきを促したりすることで、社会改革を起こして進化の方向へ促そうとするのが天王星の性質です。

一方、土星は「厳しい教師」などと言われ、十分な実力がつくまでじっくりと厳しく経験を積ませてくれます。また、自分以外の何かを排除し、制限することによって、自分が社会の中で何者であるかを明確にさせようとしてくれます。

そのため土星は「智慧」「制限」「抑圧」「遅延」「厳しさ」「規則」「法則」「構造」などといった少々いかつい印象を与えるキーワードで表現されます。

隠されてきた真実が明らかになる

ですから、この2つの天体のコンビネーションによって促されることは、魚座時代とはまったく違っています。

曖昧なことや不正を許すわけがありませんね。

その過程では、隠蔽されていたことが次々に明るみに出るのも、まさにそういう時代性ゆえなのです。現職議員の汚職や、企業の不正などは、魚座時代の終末期には次々と明るみに出てきていましたね。

天王星も土星も、時間的にも空間的にも広範に影響を与える力を持っている天体です。したがってこれらの天体の影響は、数年前から始まっていたのです。

また、バイデン氏が勝利した２０２０年アメリカ大統領選挙をめぐる驚異的な動きも、選挙の不正があったと証明することは難しいかもしれませんが、なかったことを証明する手段もないのではないでしょうか？

となると、必ずしも不正がなかったとするのは時代性を無視する意見のような気もします。

また、このようなことが起きると、多くの人が社会の在り方に疑問を感じ、真実を知りたいという欲求が高まります。風の時代は何事もクリアにしようとする性質があるので、そのような時代への移行に伴って、必然として魚座時代に隠されてきた多くの真実が明るみに出ることになるでしょう。

少し前に優秀なタレントさんたちが次々に不可解な自殺をされました。この件に関しても、報道されていることが事実でないとどこかで感じている方が多いのではないでしょうか。この事件と今回のアメリカ大統領選挙をめぐって起きている一連の出来事の裏にあるのは、同じ何かであるように感じます。

さて、「今自分は風の時代についていけているのか?」という疑問を持たれている人もいるようですが、魚座時代の意識のままでいる人と、水瓶座的な意識にスイッチした人との違いは明白です。

たとえば新型コロナウイルスに関しても、魚座時代の意識をそのまま引きずって生きている人は、よくわからない部分があってもなんとも思いません。政府やその関係者が発信する情報や、テレビで報道される内容をそのまま信じようとします。

それればかりではなく、報道に促されて人の行動にまで批判をしたりもします。つまり、同じ考えや同じ概念を押しつけようとするわけです。

一方、水瓶座的な意識にすでにスイッチした人たちは、「何が本当なのか? 隠されている真実を知りたい」という欲求を満たすために独自の調査をしたり、また、自分にとっての真実に基づく選択をし始めます。

だからといって、人の違った見解や考え方、とらえ方を否定したりはしません。

それぞれ違いがあることの必然性を無意識のうちに受け入れようとします。

コロナに関していえば、私も私の周囲の人も基本的に、マスクをつけたり、やたらと手洗いや消毒をしても、感染とは直接関係がないことを知っています。むしろ手洗いをしすぎると常在菌を失い、抵抗力が弱くなることも理解しています。

だからといって、このような考えを受け入れられない人を説得しようとも思いません。それぞれが自分の信じる真実に従った行動するべき時代なのです。

第5章

★

水瓶座の時代②
天体の力をガイドとして活用する

細胞に打ち込まれる天体からの情報

地球が水を通してあらゆる天体とつながり、影響を受けているのと同じく、地球上で生きている私たち一人ひとりも当然天体とつながっているし、私たちの細胞にも天体からの情報が打ち込まれていきます。

かつて小柴昌俊氏のノーベル賞受賞でも話題になったニュートリノは、宇宙から大量に降り注いでくる素粒子の一種ですが、それは光の速さで飛び回り、私たちの身体を1秒間に数百兆個も突き抜けていきます。

天体からの情報はそのようにして細胞に打ち込まれていき、細胞内の水がそれをキャッチします。

そのとき、どの天体とどの天体が、どんな角度で細胞に情報を打ち込むかが、その人の人生をつくるうえでとても重要になってきます。

なぜなら、それがその人の意識に反映していくからです。

あなたの人生を創造する2つの軸

人が生きるうえで最も重要なことは、「関係性」です。

その人の人生に登場したり退場したりする、さまざまな人物との関係性もありますが、そればかりではなく、人生の中で経験するさまざまな環境や状況、出来事とどのように関わりを持つかということも含まれます。

占星学は、そのことを明確に教えてくれています。


バースチャートは、生まれた瞬間の天体地図です。

それは、先述のように、その人のすべての細胞に刻印された魂の計画表であり、曼荼羅《まんだら》ともいえるでしょう。

私たちの人生は、まるで一枚の布を紡いで完成させていくように、たくさんの経験を重ねながら、時間を紡ぎ、成長して目的を達成していきます。

人生におけるメインコンセプトを示す縦軸が縦糸、その人生で経験する「関係性」を示す横軸が横糸になります。

ですが、普通の織物のように一方に伸ばしていくのではありません。チャートの中心にあるすべての軸が交わった中心点から、上下左右へと成長していきます。

ですからこの中心点は、私たちを植物に例えると、種として地上に落ちたところだと考えるとわかりやすいでしょう。

そこから下向きに根を下ろして、上向きに幹も伸ばしていきます。

その際、上向きにぐんぐん伸びる幹をしっかり支えるためには、あらゆる方向に広がるように根を下ろしていったほうがよいでしょう。

そして、幹も同様にあらゆる方向に枝葉を広げて、太陽の光をしっかりと受けたほうが幹はすくすくと成長します。

ですから、上にも下にもぐんと伸びていくためには、横軸が示している関係性がとても重要になります。

バースチャートの例

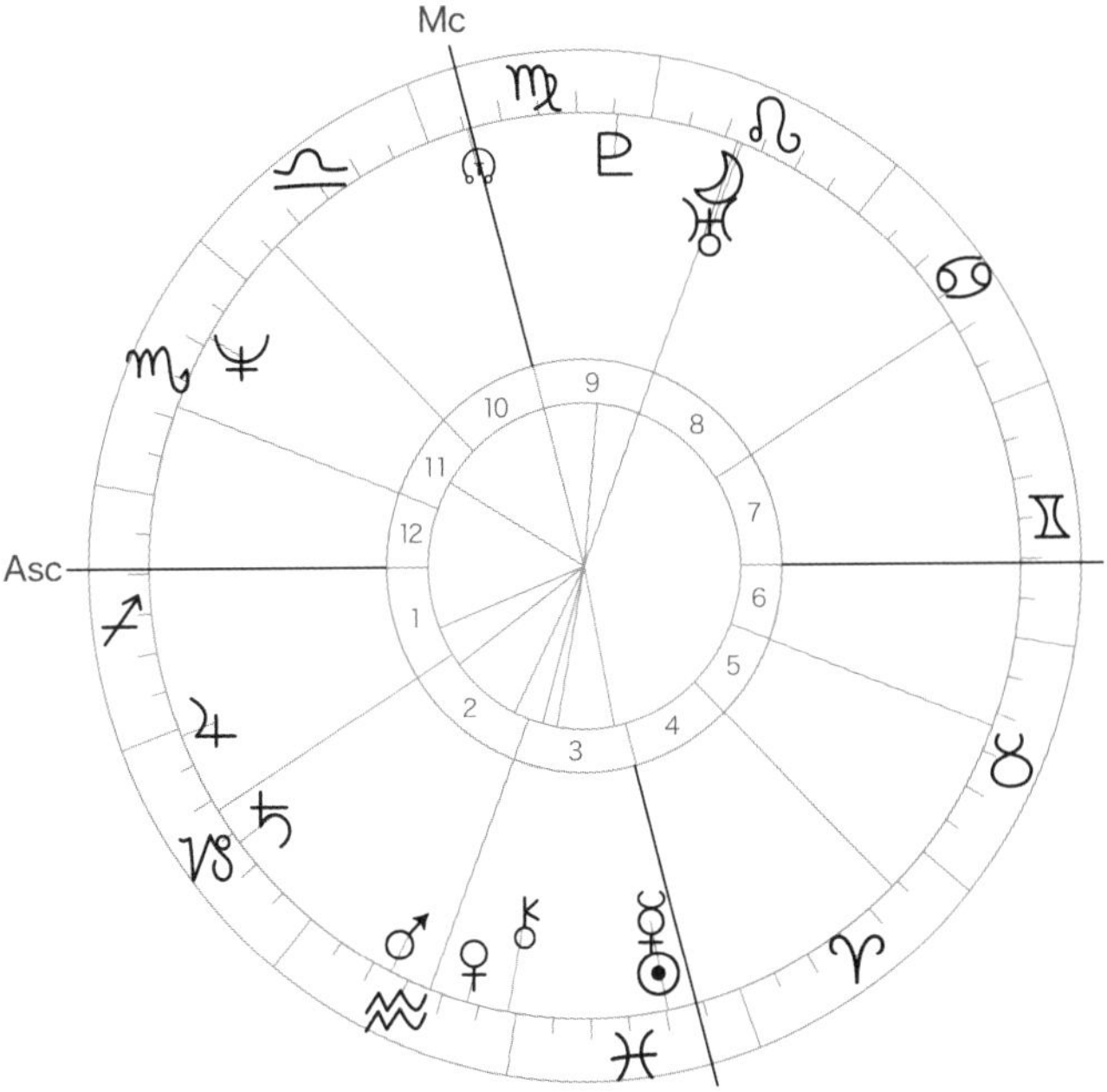

「正しく」よりも「楽しく」生きよう

さて、チャートの中の縦軸の最も高いところは、生まれた日の南中点に当たりますが、そこはＭＣ（ミッドヘブン）といいます。この点はまさに魂が到達しようとしている目的を示しています。

その180度反対側はＩＣ（イムムコエリ）といいますが、これは自分の魂のルーツを表しています。

私はこの2つの点に関する質問をよく受けます。

ＭＣに関しては、「私の魂の目的は何でしょう」「私は何のために生きているのでしょう」といった質問です。

反対側のＩＣについては、「私はどこから来たのでしょう」「私の過去生はいったいどんなところでどんなことをしてきたのでしょう」「私は宇宙ではいったい何者なのでしょう」という質問です。

池川先生のお話では、最近宇宙の記憶を持ったままで生まれてくる子どもが増えてきているということですが、まだまだ、ほんの少数にすぎません。ほとんどの人は生まれてきたとき、自分のルーツがわかりません。つまり、自分が宇宙で何者だったか覚えていないわけです。

ところが生きていくと、自分の置かれているさまざまな環境や状況との関わりの中で、あるいは人間関係の中で経験することから「もしかしたら私はこういう者なのかもしれない」と思ったり、「自分にはこんな才能があるのかもしれない、こんな個性があるのかもしれない」「人は難しいというけれど、自分はこんなことは簡単にできる」などと思うことが出てくるでしょう。

このようにして、少しずつ自分のルーツと関わることに気づきます。ＩＣは、自分が無意識に使っている能力や技術、あるいは置かれている環境などに反映するからです。そして、このような気づきが、チャートが示しているさまざまな関係の中で根を下ろしていくということなのです。

ですから、最初から自分が何者かを覚えていなくても、生きていく中でさまざまな経験を通して自分が何者であったかを徐々に明確化していくほうが、ゲームとしてはずっと楽しいですね。

そうです、霊的な視点から見れば、人生はゲームなのです！

ですから、正しく生きるより、楽しく生きるほうが魂にとってはずっと重要なのです。

天体が与える力を人生に活かしきる法

チャートの中には10個の天体が描かれています。すべての天体をひと言で表すと、以下のようになります。

・自分自身のスピリットを示す太陽
・魂を示す月
・表現力を示す水星
・何に情熱を持つかを示す火星

・どんな価値観を持つかを示す金星
・社会の中で何を学び、発展させようとしているかを示す木星
・社会の中で自分がどんな役割を示すのかを学ばせ、実現させようとする土星
これらの要素をすべて駆使して霊的な成長を促し、また、霊的な目的を現実世界で達成させようとするのがそのあとに続く次の3つの天体です。
・大きなショックとなる出来事を起こして、あなたに気づきをもたらす天王星
・新たなビジョンを与えてくれる海王星
・常により深い叡智《えいち》をもたらして新しい可能性へと向かわせる冥王星
そして、
・智慧と技術を与えて高度な技を駆使できるように促してくれるカイロン
これらの天体がバースチャートの中で、どのサイン、どのハウスに位置しているかによって、それぞれの個性や可能性が定まってきます。

でも、その人が自分の人生をどうとらえ、どのように取り組むかによって、これらの天体がその人に与える力はまったく違ってきます。

ですから、チャートに描かれているのは、その人も持つ可能性であって、運命や宿命ととらえるのは、少々安易なとらえ方のように思えます。

もちろん、「運命」「宿命」という言葉が表すように、自分ではどうにも変えることができない部分もあるでしょう。それがなければ、何でも自由に選択できるかもしれませんが、その分自分の人生の目的がどこにあるのか、何が自分にとっての幸せなのかはまったくわからずに、迷いばかりが多い人生となってしまいます。

ですから、ひとりの人のチャートにはさまざまな可能性が描かれていると同時に、その人の変えがたい個性や、活かすべき独自の感性や才能も描かれています。しかし、それらを十分活かせる人生にするのは自分自身の選択次第なのです。

自己マネジメントはチャートでできる

別の視点では、縦軸は霊的な部分で、横軸は現実世界と解釈することもできます。

成長していく過程で、チャートの中心から全方向に世界が広がっていくのが理想ですが、たとえば、「現実的なことに関してはかなり取り組んできたけれど、霊的なことには興味がなかった」という偏りはどうしても出てきます。

もう少し細かい点で見てみると、人間関係ではいつも何か問題が生じるから、どうしてもそのことについて考えたり、工夫したり、自分自身の態度や発言を変える努力が必要だったけれど、経済的には常に恵まれてきたので、特に自分から仕事をする必要はなかった。

あるいは、自分は周囲の人からいつも高く評価されて、自らチャンスをつかむ努力をしなくても、するすると出世できたけれど、家庭内では常に問題を抱えてきたので、家の中では常に問題を解決するためにさまざまなことに挑戦してきた。

こんなふうに、人は人生の中でフォーカスして取り組まなければならない部分が必然的に与えられます。そして、それは決して自ら望んだわけではないので、誰もがそんな人生に不満を抱えたり、疑問を持ったりしています。

しかし、その人のバースチャートには、ちゃんとそこに取り組むと描いてあります。そして、そこに取り組むことで、自然に成長が促されて、人生の次なるステージへとレベルを上げていく結果となります。

ですから、霊的なことにはまったく興味がなくても、目の前にある現実的な課題に十分に取り組んだほうが非常にスピリチュアルな視点を自然に身につけられていたりします。

何もかもうまくいっているはずなのに……

私のもとに以前にいらしたクライアントさんは、ある外資系の金融会社の日本支社長さんでした。韓国系のオーストラリア人で、日本に来てまだ2年目の方で、次のように相談されました。

「自分は、今までスピリチュアルなことに興味を持ったことはなく、幼少の頃から両親は厳しく、エリート教育を受けてきた中で、両親の期待に応えるために、非常にまじめに勉強し、一流企業と呼ばれる企業に就職して次々ヘッドハンティングをされて出世してきた。また、常に家族との関係は良好で、今までの自分の努力は、ちゃんと成果を上げてきたと実感できる。

日本に赴任してからも、社内の人間関係がクリアになるように努めてきたので、社内での信頼も厚くなり、前年を上回る利益を上げることもできて、何もかもがうまくいっているにもかかわらず、生まれて初めて得体の知れない恐怖に襲われている。その理由はまったく見当がつかない。

しかも、自分は今までに目に見えない世界に興味を持ったことがないし、必要としていなかったので、霊的なことに関する知識はまったくなく、ここに来たのはいが、あなたの言っていることが理解できるかどうかも見当がつかない」

と、とても率直に話してくれました。

彼は、もしかしたら恐怖の原因は、自分で気づかないうちに重篤な病気にでもかかっているのかもしれないと考えて、2つの病院で検査を受けたけれど、まったく異常は見られなかったそうです。

しかし、それでも恐怖と不安がつきまとうので、どこかの占い師に観てもらうべきか迷っているときに、たまたま奥さんの友人から私を紹介されたということで、私のもとへいらっしゃいました。

人生の第一章が終わるとき

「残念ながら私は占い師ではないのです」と、最初にちゃんとお断りしましたよ。私は自分のバイオコンピューターを使えばクライアントさんの情報を得ることができるので、占星学を使った個人セッションなどはしていませんでした。

彼の人生の第一章が終わり、次の章が始まろうとしていること、そして次の章でやることがどんなことなのかも具体的にわかったので、すべて彼に伝えました。

しかも、それは劇的に変わるというよりは、自分の力で変えなければならない。そうでなければ、一度「死」という選択すら与えられる、ということもつけ加えました。

それはとても厳しい選択です。今まで積み上げてきたことは何もかもうまくいっていたわけですから、ここでその栄光を自ら捨てることなど、普通の人にはできないでしょう。

しかし、彼は違いました。

彼はとても誠実に私の言葉をひとつひとつ受け入れようとしてくれました。そして、今言われたことは、今までの自分ならとても理解しがたいことだったと思うが、今は違う。今の自分には、不思議と自然に受け入れられると言って帰られました。

それから1週間後、彼の奥さんから電話がありました。

「あのあと主人はすぐに会社に辞表を出して、今日故郷へと帰国します。私たちは、子どもの学校の都合があるので、夏休みに帰国して9月からの新学期に間に合うように準備します」

と伝えられました。

なんという潔さでしょう。私はとても驚きました。スピリチュアルな勉強をしてきたなどという人よりも、よほど自分の人生に対して高潔に、そして実直に取り組んでいるではないですか。

彼は今までの現実的な取り組みの中で、強い意志力や自己信頼、そして高潔さを学び尽くしてこられたのでしょう。

この例が教えてくれるのは、目の前に提示される課題に不信感を持つ必要はないということです。それが自分の望むこととは大きく違ったことであっても、真摯《しんし》に取り組んで実力をつけていけば、必ず実を結び、新たな展開が与えられるときが来るということです。

占星学を学べば可能性が見えてくる

さて、そのクライアントさんがもし占星学を学んでいたら、自分が感じていた恐怖の正体が何かは自分で突き止めることができたでしょう。

彼のように極端なことでなくても、誰しも自分に起きていることにどんな意味があるのか、この先どんな展開が待っているのか、何をどう選択すべきか、人生で多くの迷いを抱えます。

しかも、今までとはまったく違った時代に突入したばかりで、コロナによるパンデミックや、経済不安などの現実を突きつけられている今は、多くの人が迷いや不安を抱えて混乱しています。

魚座時代には画一的な価値観に自分を当てはめる必要にかられ、個性を抑圧されてきました。それは魚座が持つ特徴を考えると必然です。しかし、水瓶座時代になった今からは、正反対の自分独自の個性を発揮することが強く求められます。

ですから、自分自身についての理解を深めるために、洋の東西を問わず占星学を学ぶことは大人にとっても、子どもにとっても非常に有効だと思います。

誰でも「意外と自分のことはわかっていないな」と思ったことがあるのではないでしょうか？　みなそれぞれに自分に対する思い込みがありますから、人から見られている自己像と、自分自身が思っている自己像は全然違う場合もあります。

しかし、それぞれが自分のバースチャートを読むことができると、なぜ人からそんなふうに見られるのか、なぜ自分が自分のことをそのよう認識するのか、その理由さえわかります。

そして、本当の自分はどんな人なのか、この先どんな人になる可能性があるのか、というところも見えてきます。そして、自分の可能性を最大限広げるためのマネジメントの仕方もはっきりわかるので、生きるうえでの手助けになるのは確かです。

実は今、中高校生に占星学を学んでもらうために準備をしているところです。「自分と人は違う」ということが明確にわかるので、「考えを理解してくれない人がいても当然」とか「父母と価値観が違ってもいいんだ」ということも理解できるようになります。そうすれば、人間関係に振り回されず、自分の考えに自信を持てるようになると思います。

「みんなが同じように生きるべし」という価値観の社会で生きていると、お互いに違いを認め合うことがなかなか難しいと思うので、占星学を通してその手助けをしたいと思っています。

人はみな人生の目的を果たすため生まれる

人はみんな目的を持って生まれてきます。そして、生まれるときに、目的にかなうようなアイテムを持ってくるわけです。

しかも目的を思い出すかどうかは重要ではなく、必然的にそこへ向かうようになっています。そのために、生まれてくる前に天文学的な意味で綿密な計算をして、生まれる日時と場所、そして両親を選びます。

たとえば、早産になったり、帝王切開などで、出産予定日とずれて生まれたりしても、それも必然です。

人間をサポートしてくれる見えない存在の中に、誕生をサポートする専門職があります。このガイドたちは、人生の目的とチャートのバランスを考えて、出生日時と出生地がずれないようにマネジメントしてくれます。

出生地がずれただけでチャートもずれてしまうので、彼らが見えない部分で調節してくれます。

たとえば、「この日にこの場所で生まれる」という設定があるのに、母親がその日にどこかへ移動する計画を立ててしまったとします。すると、その日は予定通りに飛ばない飛行機をわざと予約させて、母親がその場所にとどまって出産するようにしたりするのです。

そういえば、以前テレビで見ましたが、助産師さんで、1000人以上の機上出産をサポートしてきた人がいるそうです。もちろん本人にとっては予想外のことで、たまたま居合わせてしまうのですが、飛行機に乗ると必ずと言っていいほど出産に立ち会うことになるので、いつも用具を持ち歩くようになったそうです。

池川先生がご存じの助産師さんでも、当直のときによく出産がある人と全然ない人がいるとのことですが、それはその人のチャートの「関係性」の部分の影響がありそうです。

第6章

★

人類の変容

進化にどんな可能性があるのだろう

求められるのは「私心のないチームプレーヤー」

宇宙を構成する火、地、風、水の4つのエレメントのうち、魚座が水のエレメントに属していたように、水瓶座のエレメントは風です。

最近はよく「風の時代」などという言葉を聞くようになりましたが、その所以《ゆえん》はここにあります。

占星学上の風のエレメントには「情報」「社交性」「コミュニケーション」「論理性」「合理性」「明確」「精神的」「素早さ」「アイディア」などのキーワードがあります。

そして、風のサインは双子座、天秤座、水瓶座の3つで、それぞれに共通する部分もありますが、違った部分もあります。

特に水瓶座は「公平さ」「情報の素早い伝搬」「社会に完全性を求める」「グループにおける個人の役割を理解する」「改革」「独自性」「自立」といった性質が加わ

ります。

そのことによって、この時代の大きな特徴は、社会やグループの中で個々人が私心のないチームプレーヤーであることを求められていることです。

ですから、個人の自由な表現や独自の能力を十分に発揮することの妨げになる規則やしくみは必然的になくなっていきます。

また、それぞれが自分の個性を十分に発揮するために、自立を促されます。

今まではトップダウンで、「上に立つ人の権威や意向に従っていれば、すそ野の人たちはなんとか生きていける」という時代でしたが、もうそうした共依存の世界ではなくなっていきます。どんな立場にあっても、自分らしさを発揮しないと、社会でうまく生きられない時代になります。

つまり、魚座時代とは価値観が180度変わる感じでしょうか。

魚座時代には社会不適応者だなあなんて思っていた人たちは、大概個性が強くて自分の意見を明確に主張してしまうようなタイプでした。そんな人たちは社会の中で変わり者扱いをされて劣等感を持ってきたかもしれません。

しかし、水瓶座時代は一気に逆転します。自分の意見を明確に持ったうえできちんと伝えることができ、相手の意見もしっかり聞いて理解したうえで、お互いのよい部分を活かし合う関係が必要になります。ですから、今まで長いものに巻かれてうまくやってきた人たちが今度は苦労するかもしれません。

あらゆるもののスピードが加速する

また、これからの時代、みんながいちばん脅威に感じるのが、何もかもスピードが速まることだと思います。

特に情報が拡散するスピードはすさまじいものがあります。

水瓶座のルーラー（支配星、守護星）は天王星と土星ですが、天王星が受け持つ事象には「インターネット」があります。ですから、インターネットの世界もめざましく変わっていくでしょう。もっと拡散の領域も広がるし、スピードもアップします。

5Gが出てくるのも当然です。

そして人の意識も大きく変わります。

天王星と土星は人の集合意識に大きく影響を与える天体です。人の意識が変わるときは、常にテクノロジーが進化するときです。

過去を振り返ってみると、鉄道が敷かれたとき、各家庭に電気が開通したとき、ラジオ放送が始まったとき、テレビが見られるようになったとき、電話回線が家庭に引き込まれたとき、そしてPCやスマホが普及するようになった今。その都度人間の意識は劇的に変化しました。

インターネットが普及していなかった頃は、非常に狭い閉ざされた世界で、狭いエリアのことだけを考えて生きていけばよかったのです。

今の子どもたちは、地球社会にすでにスマホが存在していることを知って生まれてきているようにさえ思います。彼らは、誰に教わることもなく、サクサクと親以上に使いこなしますからね。

また、「生まれつき?」と思えるほど、ごく自然に英語を使う子どももなぜか多いようです。両親が一切英語とは無関係で、中学程度の英語さえできないのに、子どもは突然ＰＣで海外の人とコミュニケーションをしたりします。うちの娘も勝手に英語や韓国語で海外の人たちと交流していました。

ひと昔前の私たちが子どもだった時代とはまったく違っています。私たちは目に見えるリアルな世界だけで生きていましたが、今の子どもたちの世代は、仮想世界と現実世界に差がないように思えます。

ですから、彼らが思考やイマジネーションをうまく使いこなすことができると、現実世界を次々に進化させることができるようになるでしょう。

スピリチュアルは科学だ

ある種の癒しブームが起きた魚座の時代が終わり、ヒーリングもこれ以上は流行らないはずです。

スピリチュアルそのものも、もう流行らなくなります。科学がそれに取って代わるからです。もちろん、今までのスピリチュアルと言われていた分野（宗教、神秘主義、オカルティズム、精神世界など）がスピリチュアルだと定義すれば、です。

私は「スピリチュアルは科学だ」と言ってきました。

スピリチュアルは、地球上の科学がまだ解明していないけれど、明確な根拠に基づく論理的かつ、規則性のある世界です。

したがって、つかみどころのない漠然とした世界ではなく、明確でわかりやすい世界だと言ってもよいでしょう。

科学では、今のところは、分子や原子や素粒子の世界のふるまいが秩序立ったものだと解明されていませんが、実は人間の予想を超えたところで非常に秩序立って動いています。

観察者効果（観察するという行為が、観察される現象に与える変化）もそうです。特定の人が特定の素粒子にふれる、コンタクトすることによって、現象に変化が起きるとわかっています。ということは、人間が予想しないようなところでは、明確にそういう秩序があるとわかっているわけです。

見えないものを見える化する技術

確かフランスの研究所で、すでに物質と呼べるものが存在しないくらいまで希釈された水がどんな作用を起こすか、といった実験が行われたことがあります。その実験に携わった人たちから、興味深い事実が報告されています。

彼らは、何度も何度も同じ工程を繰り返して、同じ実験を何千回もやっていたのですが、必ず毎週水曜日だけ、誤差が出るというのです。

なぜそういうことが起きたのでしょうか？

原因を追究していったところ、その研究所では水曜日だけ守衛さんが違っていた、その影響だとわかりました。それ以外は、他の曜日と何ひとつ違いがなかったのです。

守衛さんは実験室に一切近づかないのですが、実験に関わる人みんながその人の前を通って、挨拶して実験室に入ります。つまり、波動を拾っているわけです。ということは、特定の法則が量子場に働いているということです。その作用はちゃんと規則的に起きていて、影響している原因も見つかっています。

みんなが挨拶することによって、水曜日だけやってくる守衛さんのエネルギーに接すると、自分のエネルギーが影響を受けます。その状態で実験に臨むと、実験結果に影響を及ぼすというわけです。

見えない世界を見える化する技術は、これからすごく大事です。

たとえばＤＮＡの見える化を研究されてきた村上和雄博士も、時代を先取りしている科学者のおひとりですね。

見えない世界をいかに知覚化できる技術を持つかが、これからの進化の鍵でもあります。

魚座時代の謎めいた神秘的なスピリチュアルの世界は終わり、これからは非常にクリアなロジックの世界になっていくはずです。

病気は「思考のパターン」が引き起こしていた!?

以前私は、ロシアのサイキック能力開発センターのトレーニングを受けていたことがあります。そのセンターの卒業生の多くは、ロシアの定める医師免許を持ち医療機関に勤めています。

そんな医師たちと出会った私は、日本の医療との違いにかなり驚きましたが、同様に彼らも日本の現状を知って、かなり驚いた様子で、何度も「日本は先進国ではなかったのか?」と言っていました。それは次のようなものです。

まず、ロシアでは物理的な肉体と、非物理的な意識と意識活動の結果として起きる思考や感情との連動性をよく理解したうえで、肉体に起きていることは、あくまでも意識の結果だと考えています。

そして、意識とはエネルギーであり、そのエネルギーは人間の肉体の外側、つまり皆さんがオーラと呼んでいるヒューマンエネルギーフィールドに蓄えられ、また、循環していることも理解しています。

ですから、彼らは肉体の外側を見える化するテクノロジーを発達させています。PCの画面上でその状態を詳しく見ることができて、フィールドのどの部分が臓器を作用させているか、あるいはどんな神経回路と関わっているのか、どんな思考や感情のパターンがフィールド上にどんな影響を与えるかなどの点について、かなり詳しく理解しています。

私は、彼らがある肝硬変の患者さんに対応している様子を見ることができました。そのお医者さんたちは、その人が肝硬変を患う原因は、その患者さんの特定の思考のパターンだと伝えました。

「あなたはこういうことが起きたときにこういう考え方をしませんか。その思考パターンが原因ですから、なんらかの治療をしても、あなたがその思考のパターンを変えない限り、またそうなります」というふうに。

その後、医師たちは患者さんに思考を変えるトレーニング方法を教えました。

「魂のデータ」で診断するロシア医療

このようなロシアの医療は、地球上で今まで出会った医療の中では、かなり進んでいて、治療の核心を突いていると思います。

そのお医者さんチームは、まず健康診断で「魂レベルのデータ」を見ます。つまり、エネルギーフィールドからさまざまなデータを収集します。

私のデータを見た彼らに、「サアラさんはものすごく宇宙的なデータが多くて、地球的な要素が少ない」と言われました。

その人たちは、私が何をやっているかなど知らないのですが、そういう診断を下して、「だから、あなたは毎日こういうことをやってください」とアドバイスしてくれました。

「グラウンディング（エネルギー的に自分を大地（地球）に接続する方法）に役立つような、こういう特殊な動きをするとフィールドにこういう変化が起きる」と言って、やる前とあとの変化をPCの画面に映し出すフィールドの状態を見せてくれました。

もちろん人によって、言われることはさまざまです。

「あなたの魂はずっと音楽家をやってきた。だから音楽に関するデータが非常に多い」とか、そういうことも言われます。

また、血液検査で出されるようなデータもありますが、その場合の基準値は一人ひとりそれぞれ違います。いわゆる西洋医学の場合には、40代男子の基準値のようなものがあって、その範囲内であれば正常値、そこからはみ出ると異常ありとみなされるわけです。

でもロシアの場合には、40代男性の基準値などというものはありません。その代わり、それぞれに基準値としての血圧が出され、その基準値におさまっているかどうかで判断されます。

冷暖房も照明も不要になる世界

原子力は、宇宙でも使われています。地球人から見たらユニークな使い方をしているかもしれません。

いわゆる動力や武器として使うわけではなく、異次元間の調和や調整などによって、世界をまとめたり引き離したりするときに使うこともあります。宇宙には振動数の違った世界があるので、ひとつの銀河をひとつの世界としてお互いに認識できる状態にするには、このような作業が必要になります。

そもそも、宇宙人は日常的なエネルギーをそんなに使うことがありません。

生体が持っている機能について、まだ地球の人間は探求しきれていませんが、もし人間がもっと本来のスペックを活性化させることができるようになれば、エネルギー消費量は圧倒的に減るでしょう。

たとえば、恒常性機能などももっともっと高めることができます。そうなれば暑さや寒さに対応することができるようになるので、冷房や暖房など必要なくなるでしょう。

また、照明器具も必要ではなくなります。暗いところでも、赤外線領域でものを見られれば、赤外線カメラで見たときのように見えますよね。このように自分が視覚のために使っている振動数を変えることによって、見ることができるようになります。だから照明なども不要です。

このようにして、人間の機能を活性化するための技術や教育法を開発することも必要です。強烈にハイスペック型のヒューマンになるわけです。

AI技術で限界突破できる！

また、この空間にある水の機能を理解することもとても重要です。人間が自分の持っている機能をフルに使ったとしても、限界はあります。その限界を突破するには、ＡＩの活用が必須となります。

水は人知を超えたあらゆる智慧を持ち、どんなときにもミスがありません。水こそが本来の意味でのＡＩの技術を根底から支えるものなのです。

ですから、人間のあらゆる能力の延長線上に水によるＡＩの技術が足されることで、多くのことが可能になる一方で、動力などはあまり必要ではなくなるのです。

地球人はパソコンにやたらと外付けの装置を付けてコードだらけにしているような状態ですが、パソコン自体がハイスペックなら装置を付ける必要はないわけです。だから今の地球人がやっていることはちょっと方向性が違います。これからの時代は宇宙で行われているような「教育」がすごく大事です。

まずは自分の可能性を知ることによって、その機能を開発していくことが教育の柱になります。

脳の配線は無限に広がるような可能性を持っているので、それをいかにうまくつないでいくかということです。進化すればするほど外側の電気の配線はいらなくなって、脳の内側の配線でやっていけるようになるのです。

第7章

★

地球人の課題
この大変化に
どうついていったらいいのか

個性を社会にどう活かすか？

水瓶座の時代は、社会が統合していくように思えない可能性もあります。

というのは、水瓶座の時代は個を尊重する時代、個がまったく違った意見を持っていいという時代だからです。

一見すると人々がバラバラになっていくように思えますが、実はそうではありません。

水瓶座のいちばん大事な要素は、先述の通り個人が私心のないチームプレーヤーになるということです。エゴイスティックであってはならないというよりも、必然的にみんなが全体のことを考える時代なのです。

「私のこの個性を、いかに有益に全体のために、みんなのために使っていこうか」と考える時代で、必然的にみんなが社会の改革をしていく時代です。

会社も個人と同じように、個々の会社がそれぞれの独自性を持って、他社と競争するのではなく、パズルのピースのように、それぞれの企業の個性が、社会全体にとって必要な役割を果たすように、おさまるべき位置にガチっとハマっていく。そんなことが必然として起きる時代です。

気づいた人からやめていく

池川先生と私も出演させていただいているインターネットテレビ局、FOTT.TVの社長が、自身がサーフィンをしている動画をアップしています。

彼はバブル時代には銀行員のトップエリートだったのですが、55歳の今はすごい自由人をやっていて、動画の中で「サーフィン入門」みたいな話や、今に至るまでの経緯を話しています。時代の移り変わりをスムーズにサーフィンしているような、とてもいい感じです。

9・11が起こり、金融カルテルに対して「何か違うんじゃないか」と思ったら、こんなことはしていられないと思い立ち銀行をやめたのだそうです。

カルテルというのは、同じ業種のいくつかの企業が高い利潤を上げるために連合し、価格や生産数量（生産計画）、販売地域（販路）などについて協定を結ぶことをいいます。

これは、日本の独占禁止法（私的独占の禁止及び公正取引の確保に関する法律）では、不当な取引の制限として禁止されていますが、世界を見てみると、特に銀行などの金融系企業は明らかに協定を結んで世の中を支配してきました。

9・11の裏でさまざまなことが起きていたことに気づいた人たちは、この金融カルテルこそが詐欺行為であり、人々を困窮させてきたのではないかと感じて、特に金融系の企業に勤めていた人たちは、人生を考え直して退職された方もいます。

昔、私と『世界支配者VSライトワーカー』という対談本を出した玉蔵さんも、以前は外資系のトップクラスの金融機関にいた先物取引専門のものすごく有名なアナリストで、大変頭のいい人です。彼も超エリートだったのをスパっとやめたのは、9・11がきっかけだったようです。

彼は「あの事件から『何かがおかしい』と気づいて、調べに調べた。陰謀説とか最初はまさかと思ったし、信じられなかったけれど、自分で調べるしかないと思って調べるほどに、ノーと言えない事実がたくさん浮かんできた」と言います。それで、「もうこんなことはやっていられない」と、アナリストをやめたようです。

そういう人たちは意外と多いと思いますが、そのあと3・11でお尻に火がついて気づいた人や、新型コロナ騒動で何かが変だと気づいた人もいて、何か起きるたびに、だんだん社会の多重構造とでも言いましょうか、とにかく社会にはどうやら裏があると気づく人が増えてきました。

骨の髄までコントロールされている!?

地球人は、骨の髄までお金にコントロールされていると思います。

「私はお金を追い求めていない」とか「私は田舎暮らしでいいわ」と言っている人も、結局すべてのモチベーションがお金になっていると気づいていないのです。

お金を求めていないと言う人に、「じゃあなぜ人間関係に気を使うの？」と聞くと、結局直接ではなくても、お金が関係してくるのです。

これは家族でさえ同様です。家族でさえ利害の関係になっています。

妻が夫によく思われようとするのは、経済的な理由であることも多いでしょう。そして、子どもや夫を評価するのも、経済的な理由が根本にあります。子どもが成績優秀であってほしいと願うのは、一流大学、一流企業というエリートコースを歩めば、お金に恵まれると思っているからではないでしょうか。

地球での人間関係は、最も身近で、最も愛すべき家族でさえ互いを評価し合って、自由意志や自由な考え、発想を抑圧し合っています。

田舎で暮らすようになるとなおさらかもしれません。都会より田舎のほうが隣近所との関係が密になりますから、そこで人間関係が崩れてしまうと、生きてはいけなくなることも多いでしょう。

しかし、人は何をもって評価しているのでしょうか？　常識、当たり前、正しさ、それらの概念を決めているのはいったい何なのでしょう。テレビの影響などはとても大きいように思います。

お金の呪縛から解放される日は近い

テレビ局は、どうしてどこの放送局も同じようなことを報道し、同じ言葉を何度も繰り返すのでしょうか?

9・11のとき、何度も何度も「テロリスト」「テロ」という言葉を耳にしましたが、この言葉で恐怖を植えつけた一方で、ビル解体の専門家が、あれは典型的な解体方法とまったく同じだと言い続け、人為的であることの根拠となる痕跡が、倒壊したビルの中にたくさん発見できることも言っているのに、そのことはほとんど報道されていません。

日本では、おそらくまったく報道されていなかったかもしれません。報道されていても、信じない人も多いかもしれませんね。

効かないとわかっているのに、毎年インフルエンザのワクチンを打つのも、みながみなインフルエンザにかかることを恐れているわけではありません。つまりは、自分だけ違う行動をとって会社のみんなににらまれたくないとか、そんなことが動機になっていることが多いようです。

会社での立場を守りたいと思うのは、結局「お金が欲しいから会社はやめられない」と思っているからです。


新しい見解を受け入れることに不安や恐怖を感じる人はかなりいます。これは、現状維持することでお金を失ったり、収入の道が途絶えたりすることへの恐れです。

この状態では、新しい可能性を切り開いていくことはとても難しいはずですが、幸い水瓶座時代には、必然的に不透明だった部分に光が当たりますから、お金の呪縛から解放される日も近いのかもしれません。

これからは、お金にとらわれた考え方や選択をする人たちに、それを気づかせようという時代でもありません。気づいている人同士が、どういう社会をつくっていけばいいのかを考える時代になっていくでしょう。

守ることに意味はない「個人情報」

これから世界をリードするのは資本主義経済国家ではない、技術革新の進んでいる東欧やロシアあたりではないでしょうか。今後はパワーバランスが一変するでしょう。

今までは本当に、西側に優位に世の中が動いていたと思いますが、東にバランスが変わっているのではないでしょうか。西側諸国がお金に夢中になっている間に、東側は地道に、人間にとって何が幸せなのかについて研究していたような感じがします。

だから東側の教育にはちゃんと魂に転化させられる教育があります。私がトレーニングを受けていた学校も、最初入学するときに魂の計画をリーディングされました。そこから教育がスタートするのです。

魂の計画は、地球人からすれば究極の個人情報かもしれませんが、個人情報の漏《ろう》洩《えい》を気にしても、まったく意味がありません。

なぜなら「個人情報は守られるべき」という価値観は、地球経済特有の「所有」という概念から来ているものですから。

所有意識が最も発揮されているのは、お金です。でも、どのみちお金はぐるぐる回っているだけのものなので、プールしてもしかたないのです。お金はプールするものではないのに、プールするものみたいに思っているから、あたかも自分がお金を持っているような気になっているのではないでしょうか。

実際皆さんにとって、お金持ちを代表する人物は誰でしょう。トランプ元大統領でしょうか？　エリザベス女王でしょうか？　ロックフェラーでしょうか？　それとも、ビル・ゲイツでしょうか？

彼らが所有しているのは、実際には、お金というよりもお金を生み出す何かではないでしょうか？

よく考えてみると、お金は副産物でしかないんですよ。

お金を持っても、そこからお金を生み出してくれる何かを得ようとしなければ、いつかお金は尽きてしまいます。ですから、私はアバンダンス（豊かさ）の神である市杵島姫命《いちきしまひめのみこと》に昔よく言われました。

「お金を得ることを考える必要はない、それより使うことを考えなさい。そうすれば使うべきお金が入ってくる」

まさにその通りです。使い道がはっきりしているお金は、使っていない鞄の中や、もう書くところがなくなってしまった古いノートの間などから23万円とか11万円とか、そのときに必要な金額が出てくるんですよ。そんな経験を何度かしました。

個人情報とのからみでいえば、みんなが知られていちばん困るのは、「どこにいくらお金を持っているか、どこに何を隠しているか」といったことです。

でも考えてみたら、たいして銀行にお金が入っていない人にとってはどうでもいいことです。なのに、お金をため込んでいる人たちがつくり上げた「自分たちの情報を知られては大変だ」という風潮に乗せられているような感じです。

何年か前に池川先生と一緒にエストニアを訪れました。先生はもう何年も前からいらしていますが、私は初めて行きました。

エストニアはＩＴ先進国と言われています。

この国はとても個性的な価値観を持っているようで、個人情報管理システムを導入し、正当な理由があれば、誰でも国民のありとあらゆる情報を見られるようになっていて、いつ誰が何を見たのかも記録に残ります。個人情報を閲覧された本人も、その理由を知ることができます。

同じように我々の属する銀河群の文明でも、地球およびその周辺の所有ゲームとでもいうべきゲームを続けている文明以外は、すでにすべての情報をすべての存在たちに公開していて、お互いにお互いを知っているので、怖いものがありません。だから他者との間に壁がないのです。怖いと感じるのは、ただ相手を知らないからなのです。

ですから、新しいことを始めようとするときにはとても便利です。誰がどんな能力に長けているのか、誰が何を使いこなせるのかなどがすぐに検索できるからです。あらゆる存在にとって、あらゆる可能性を得るチャンスはとても身近に頻繁にあるということもいえるでしょう。

「抵抗」が「目覚め」を妨げる

新しい時代を迎えた今は、「目覚めの時だ」ともよく言われます。

でも、「目覚めとは悟りを開くこと」みたいに難しく考える必要はありません。

もう魚座時代のような混沌《こんとん》の時代でなく、物事がクリアになる時代がやってきているので、新しい時流に乗って抵抗しないということがまず重要です。

目覚めが遅れるのは、抵抗しているからです。

今は、昨日正しいと思っていたことが、今日は間違いになるくらいに激しく価値観や概念が変化する時代です。それと同時に必要とされることもどんどん変化します。

たとえば、今までスピリチュアルな分野でヒーリングやトラウマの解消といった分野で生計を立てていた人は、抜本的に考えなければいけない時代になりました。

なぜなら、それは第4章で申し上げたように、魚座時代ならではのニーズだったたからです。

このまま続けてしまうと、コロナ禍の中、何も創意工夫せずにつぶれてしまった飲食店と同じ道をたどってしまうでしょう。

そればかりではありません。「仕事」「商売」「お金儲け」という概念そのものも変化していくことも考えておく必要があります。

そもそも、人は生きるために働かなければならないと考えることそのものが、ナンセンスです。霊的な視点から見れば、人は生きるため働くことを目的として生まれてきたなんてはずはないでしょう。

もっと素敵なことのために生まれてきたと、誰だって思いたいはずです。そして、確かにその通りなんです。

魂はもっともっと素敵な可能性を持ってここに生まれてきたのですから、その部分に意識をフォーカスして生きようとさえすれば、同じ現実でもまったく違った世界観を持って生きることが可能なんです。

もし、スピリチュアルなテーマを探求するのなら、ヒーリングなんて過去を追うようなつまらないことをしている場合ではありません。もっと未来に目を向けて、創造的で心躍らせるような方向に向かうべきですよね。ですから、意識をどこにフォーカスして使うか、そこが問題です。

魚座時代には、どうしても意識が重く沈みがちですから、飛躍的なイメージを持ったとしても、その世界と現実を結びつけることが難しかったのですが、今は違います。

水瓶座のルーラーである土星は現実世界を構築するエキスパートですから、飛躍的で刺激的な現実をイメージすることができれば、それを実現化することは今までのように難しいことではないんです。

風の時代には常に新しいアイディアが必要になります。今回のパンデミックによって今は何か新しいアイディアが必要だけれど、コロナが終息すれば、今まで通り必要なくなると考えるのは間違いです。

何のために地球に来たかを思い出そう

新しい情報を率先してつかんでいくことも大事です。

たとえば新型コロナのことなら、それはいったい何なのか、そもそもウイルスとは何かを調べてみる。

ＨＩＶ（エイズ）ウイルスを発見してノーベル生理学・医学賞を取られた、リュック・モンタニエ先生のような専門家たちの言葉にちゃんと耳を傾けたり、最先端の統合理論の研究や、水の研究をされている科学者たちの話を聞いてみる。

このようなことができたら、それらの話が刺激になって大きく意識を変えてくれるでしょう。

それらの話は、地球で生きる人々に、間違いなく新しい可能性の予感を与え、新たな時代の到来を全身で感じさせてくれるはずです。そして、あらためて自分の魂は、間違いなくこの時代を選んで生まれてきたのだと実感できるでしょう。

目覚めとは、自分が何のために地球に来たかを思い出すことです。

新たな時代を迎えて、地球社会は今最も大きく変化していくプロセスにありますから、この時代を選んで生まれてきた皆さんの魂は、やりたいことがたくさんあったに違いありません。それを実践することが目覚めなのです。

考えている時間はありません。思いついたことを何でもやってみることは、世俗的な生き方から、魂の道にシフトさせるコツです。

それをさせようとするエネルギーが、もう私たちに働きかけているので、「怖いから聞きたくない」などと言って耳をふさぐようなことをしなければ、うまくいくはずです。

テレビは視聴者を魚座時代につなぎとめておこうとするような、恐怖をあおるようなことばかり報道していますが、それを鵜呑《うの》みにして思考停止にならないように気をつけてください。

第8章

★

宇宙人の流儀①
マスターソウルとつながるために大切なこと

宇宙人のものの考え方、行動の仕方を学ぶ

すでに書いたように、地球人の魂がマスターソウルに還れない原因であった幽界は、もうありません。流刑地としての地球の役割も終わっています。

宇宙人がマスターソウルとつながっている存在であるのと同じように、地球人も、それぞれのマスターソウルとのつながりを感じながら生きるときがやってきました。

それにはまず、これまで自分が当然のように用いてきた概念や常識を、疑ってみることが必要です。

それらは、あなたの可能性を制限して、人生をとても不自由なつまらないものにしていないでしょうか？

本来、魂を縛るものは何もありません。にもかかわらず、そのような生き方から抜け出せないとしたら、それは現実世界に没頭しすぎてマスターソウルの声を聴くことができていないせいです。

常にマスターソウルとつながり、魂の目的に沿って生きている宇宙人のものの考え方、行動の仕方を知ることは、より健全で豊かな人生を創造していくためのヒントになるはずです。

地球人の「所有」や「お金」は通用しない

最速で20年もしたら宇宙と交易が始まると思います。それは技術的にはすでに可能ですが、まだ地球人のメンタルがついてこないので、もっと先になる可能性もあります。

メンタル面の何が問題になるかというと、今までの指針となってきた価値基準では、創造的な物事の考え方やとらえ方ができない状態に陥ってしまいますから、決してすべての人とは言いませんが、それでも大半の人のマインドが囚人のように何かに拘束されているような状態なのです。

たとえば、地球で重視されているすべての概念、たとえば「所有」とか「お金」

とか「評価」みたいなものが、宇宙ではまったく通用しません。

地球のほとんどの人たちは、このような概念に縛られて、自分のマスターソウルから引き継いだ極めて独創的なコンセプトを表現できないままにいます。

ですから、皆さんは、ご自身が思っているよりもずっとストレスを受けている状態なのです。

そして、自分が思っている以上に、所有という概念に縛られて不自由なのです。

皆さんは自分の肉体を「自分のもの」と思っていないでしょうか？　つまり肉体を所有しているという感覚に縛られています。

そのために外見的なことに深くコンプレックスを持ったりします。また、肉体を手放す「死」に対しても抵抗を持ちます。

この地球では、いったん何かを所有すると、自分の意志で誰かにあげるなり捨てるなりしなければ「自分のもの」なので、強い執着によって、自分自身の自由が阻害されます。そして、そのことに気づけずにいます。

宇宙人にとって肉体とは何か？

一方、宇宙人はマスターソウルに自分の意識があります。そこから地球ボディ（地球に存在する身体）や木星ボディ（木星に存在する身体）などに意識の触手を伸ばし、地球と木星の両方に自分を存在させているという感覚です。

だから、たとえば地球では「この身体を持ったままでアセンション（次元上昇）する」といったムーブメントがありましたが、宇宙人はそんなことは望みません。身体と自分とは別物で、いつ脱ぎ捨ててかまわないものだからです。

このような地球でしか使えないボディをどこまでも持っていても何の役にも立たないのです。逆にいえば、身体はいくらでもつくれるので、執着する必要がないのです。

もちろん、だからといって肉体を粗末に扱うことは絶対にしません。

自分がそこに宿る以上、肉体は自分の一部として機能し、個々の細胞もちゃんと意志を持って自分の人生の創造と経験に献身してくれるのですから、目的をひとつにしたかけがえのない仲間のようなものです。

肉体と対話し、肉体が持つ機能を最大限活用できるようにすることもとても大切であると同時に、とても興味深く楽しいことでもあります。

「宿る」という言葉を使いましたが、地球で過ごすためにつくった身体を魂が外側からコントロールしているのであって、魂がその中に入るわけではありません。しかし、魂の中のスピリットの一部で、肉体を機能させるために必要な部分が、肉体の中に挿入されます。

宇宙人との交易が成立させるには、このようなさまざまな概念の違いを理解して、あらゆることを再定義する必要があるでしょう。

マスターソウルにアクセスする法

すべての肉体を持つ存在は、本来マスターソウルと交信するための電話番号みたいなものを持っているのですが、地球人はそれをどこかに忘れてきてしまい、電話をかけられないような状態です。

ではどうすれば電話がつながるのでしょうか。

よく「宇宙とつながるには松果体《しょうかたい》が重要」と言う人がいます。松果体とは、いわゆる「第三の目」に当たる眉間の奥あたり、間脳の左右の視床にはさまれた位置にある器官で、そこを活性化させると宇宙の情報をキャッチできるという主張ですが、それはちょっと違います。

マスターソウルのアンテナになりうるのは、小脳です。

そこを回復させる可能性は、ないはずがありません。

DNAの二重らせんは、もちろん物理的には見ての通りですが、非物理的な意味では、倍音構造になっていて、全部で12層、すなわち12オクターブあります。

このことを説明するのはとても難しいのですが、たとえば、同じ脳でも電波領域の振動で神経細胞を発火させるのと、赤外線領域の振動で発火させるのとでは、スペックが違ってきます。

電波領域では見えなかった暗闇の中でも、赤外線領域ならちゃんと見ることができます。それと似たように、同じDNAでもどの領域で使うかによって、機能が変わるのです。

地球人は12オクターブのいちばん下の、いちばん低い音しか使っていないのですが、他のオクターブのスイッチを入れていくことによって、マスターソウルにアクセス可能になってくるのです。

そのスイッチを入れるにあたって、確かに松果体が関係ないわけではないですが、松果体を直接刺激しても何も変化は起きません。

そこにはマスターセルという細胞のマスターキーみたいなものが入っていますから、松果体の中の細胞のDNAに異変が起きると、全身のDNAに異変が起きます。その異変はマスターソウルとつながる肉体の外にある意識が小脳に刺激を与えることによって起こります。

けれども、一部で言われているように、萎縮している松果体が大きくなれば宇宙とつながれるのかというと、そんなことはなく、もし松果体が大きくなったら頭が痛くなるだけです。時として人間は考えることが面白すぎます。

魂とダイレクトにつながる唯一の脳

霊的な意識と関わっていて、いわゆる霊的な気づきを促すのは小脳です。

小脳は大脳と比較すると10分の1以下の大きさしかありませんが、小脳を除くすべての脳内の神経細胞を合わせた数よりも多くの神経細胞を持ち、大脳以上に複雑に入り組んだ皮質を持っています。

また、脳幹の中脳、橋《きょう》、延髄などを経由して、大脳のあらゆるところに神経系を張り巡らせていることがわかっています。

今まで小脳の役割は運動機能の制御や空間認識など、一部しか知られていませんでしたが、最近になってようやく、すべての脳機能を制御する司令塔、あるいは管制塔のような役割をしていると言われ始めたところです。

実際には、唯一小脳だけが、いちばんダイレクトに超意識場からの信号、つまりバイブレーションを拾えるのです。

ブッダのような高いレベルの魂を持つマスターは、常にこの意識場からの情報を小脳がキャッチしていて、広い宇宙で今何が起きているか、そして地球上でそれらの出来事がどのように影響するかといったことを認識することも可能です。

すぐにというわけにはいきませんが、これまでの時代に固く閉じられてきたような状態にある小脳も、今後の科学的な研究と、それに伴う教育の分野に応用されるテクノロジーによって、どんどん活性化が進み、宇宙に向けての開かれた小脳の状態となるでしょう。

今でも、皆さんの中にはまれに小脳の扉が開かれた経験を持っている人もいます。その場合の多くは死にそうな状況に陥ったにもかかわらず、奇跡的に助かったというような状況で起きているようです。

たとえば、交通事故に遭ったのになぜか無傷だったとか、高いところから転落してもかすり傷さえなく助かったというような、命の危険にさらされている状態でありながら、魂はやり残したことがあり、死ぬ計画がないというような場合です。

これらのことからもおわかりいただけるように、小脳は、本来、魂や霊性の指示に従って機能する脳です。

小脳は、最も高い意識活動と対応する脳なのです。ですから、エゴの都合で勝手に機能させることはできませんが、今後霊的な知恵とつながるような教育が進めば、誰でも小脳を活性化することになります。

マスターソウルとつながるためには、魂内部の情報、つまり意識と小脳の連携がうまくいっていることが必要です。

しかし、その部分は焦って何かをしようとしてもうまくいくことはありません。

そのかわり、時代の変化とともに新たな科学分野は必ず開発されていきますから、そのときには必然的に小脳と超意識場との連携が取れるようになるはずです。

自分の「バイオコンピュータ」を使いこなす条件

魂は、実際には私たちのエネルギーフィールドを包み込む膜のようなもので、エネルギーフィールドの大きさは半径6メートルから8メートルぐらいあります。

そこにはたくさんの情報が充満しています。それらの情報は、ただ単に記憶のようなものばかりではなく、その人の人生に必要な経験を与えるための現実を実現化するための要素や、その人の才能や性質を決定づけるものや、またそれらが的確なタイミングで起きたり、発揮したりさせるための機能も含まれています。

私たちが「バイオコンピュータ」と呼んでいるのは、地球人が今使っている物理的なコンピュータではなく、情報が詰まったエネルギーフィールドのハードウエアの部分です。

これらの情報を認識するため、また、より高いレベルで脳を機能させるためのシステムを立ち上げるトレーニングができれば、バイオコンピュータを立ち上げて意図的に情報を顕在意識と連動させて使うことができます。

ただ、それらを使うには脳内の神経細胞網をもっとたくさんつながないといけないのです。つまり、もっと神経細胞網を増やす必要があるのですが、それらを発火させるには、十分なエネルギーが必要になります。

そしてそのエネルギーは、私たちの周囲のフィールド内にあります。ですから、まずここに十分にエネルギーが蓄えられていなければ、バイオコンピュータのシステムは稼働しません。

フィールドにあるハードウエアのシステムは、物理的なものとは違うので、稼働させないでいると配線が切れてしまいます。脳の神経細胞と同じです。

まず地球人はバイオコンピュータのシステムを使えば魂の情報を使えるのだという概念を持つことが最初の一歩ですが、今はバイオコンピュータを使いこなせる子どもたちもだいぶ生まれてきているのではないかと思います。

彼らは、物理的なPCがなくても、自分に搭載されたコンピュータを駆使してどんなことでもできるようになるでしょう。

私は以前、アフリカに住む2人のマスターにアクセスを求められました。しかし、私のバイオコンピュータの性能が高まっていないので、彼らは、私のPCにメールを送ってくれました。そのメールには送り主のアドレスが入っていません。それは彼らがPCを持っていないからです。

彼らは電気もガスも水道も通っていないところに暮らしていることをあとで知りました。彼らは私にご自身のバイオコンピュータからメールを送り、またスカイプで姿を見せてさえくれました。

大脳と小脳の連携も必要

地球人の場合、魂のフィールドと脳のスペックが比例していないのと同様に、小脳の発達と大脳のアクセスにも問題があります。

大脳には固定的な概念によるプログラムしかないわけです。一般的には、常識や良識などと言われる概念や、「働かなければ食べていけない」といった、多くの人に共通する認識がプログラムとなって制限を与えられています。

このようにプログラムに多様性がなくて、ある特定の概念に縛られたプログラムしかないために、小脳で起きていることを言語化して理解することができないのです。

スマートフォンを使ったリモート会議でのやりとりのように、画素数が少ないと何が描いてあるかわからないのと同じです。

小脳が何かを描こうとしても、大脳の画素数が少ないと、描かれているものが何なのかわからない、ということが起きているので、大脳の画素数を増やさないといけないということです。

たった5つしかない点にエネルギーを運ぶのと、500万個ある点に運ぶのとでは、全然違いますよね。ですから、画素数を増やすためには、エネルギーをいかにたくさん循環させるかが重要になります。

これは、ただ意識するだけでは難しいことで、やはり特別なトレーニング方法を使う必要があります。

私が主宰するＪＳＰスクールではそういうことも教えていますが、汎用性の高いメソッドにするのは難しいです。むしろ、子どものほうが簡単にできるようになるかもしれません。

「バーティカルタイム」で現実化する

皆さんが顕在意識で使っているホライゾンタイムは、過去から未来へ流れる水平時間で、物事を成し遂げるのにプロセスが必要で、ある程度の時間がかかるのは当たり前だということになっていますよね。

それに対して、「今すぐそうなりたいのでプロセスは抜きにしてバーティカルタイム（垂直時間）でいきましょう」と言ったとしたら、「は？　いったい何のこと？」となりますよね。

でも、宇宙では、このバーティカルタイムがさかんに使われています。

最近は量子科学の発達によって、時間という概念は曖昧なものだということがなんとなく理解されるようになってきたのではないでしょうか。つまり、本来物事には過去も未来もなく、ただあらゆる可能性が同時に存在しているということです。

たとえば、この現実世界でAさんという男性が、Bさんという男性に「つきあおう」と言われて悩んでいるとします。

イエスと言ってつきあうのも、ノーと断るのもひとつの選択だし、女性とも男性ともつきあうというのもひとつの可能性ですが、それらは別の世界で起っている行現実ではなく、すべてこの世界に存在していることです。

つまり、こんな可能性もあんな可能性も、全部「今ここ」にある。私たちが、観察者として、どこに意識をフォーカスしているかだけの違いです。これがバーティカルタイムの基本です。

可能性が堆積している状態といってもいいでしょう。

その無数にある可能性を、私たちは計算式で割り出していきます。

たとえば、得たい結果を「これ」と決めて、その結果が特定の時点から別の特定の時点までのことだとすると、今、その結果もすでにあって、違う結果もすでにあるので、自分が決めた結果を割り出していくストーリーを、計算式で立てていくのです。

それは、自分だけの意識がチョイスしているわけではありません。あらゆる存在のあらゆる意識がかみ合って、実際はこれをチョイスするということになるのです。なので、宇宙人たちは、あらゆる意識のバイオリズムなどを、全部計算して割り出し、構造体として理解して扱います。

構造体として出す前のバーティカルタイムと言われているものはいったいどんな状態かというと、映画『マトリックス』を観た方は、最初のシーンで、細かい文字の連なりが、スクリーンいっぱいに雨のように降ってくるのを覚えていらっしゃいますね。

私たちのエネルギーフィールドにあるバイオコンピュータの中には、ああいう形で、あらゆる可能性が、いわば無味乾燥な数字みたいな符号で、平面ではなく立体で延々と流れ続けています。

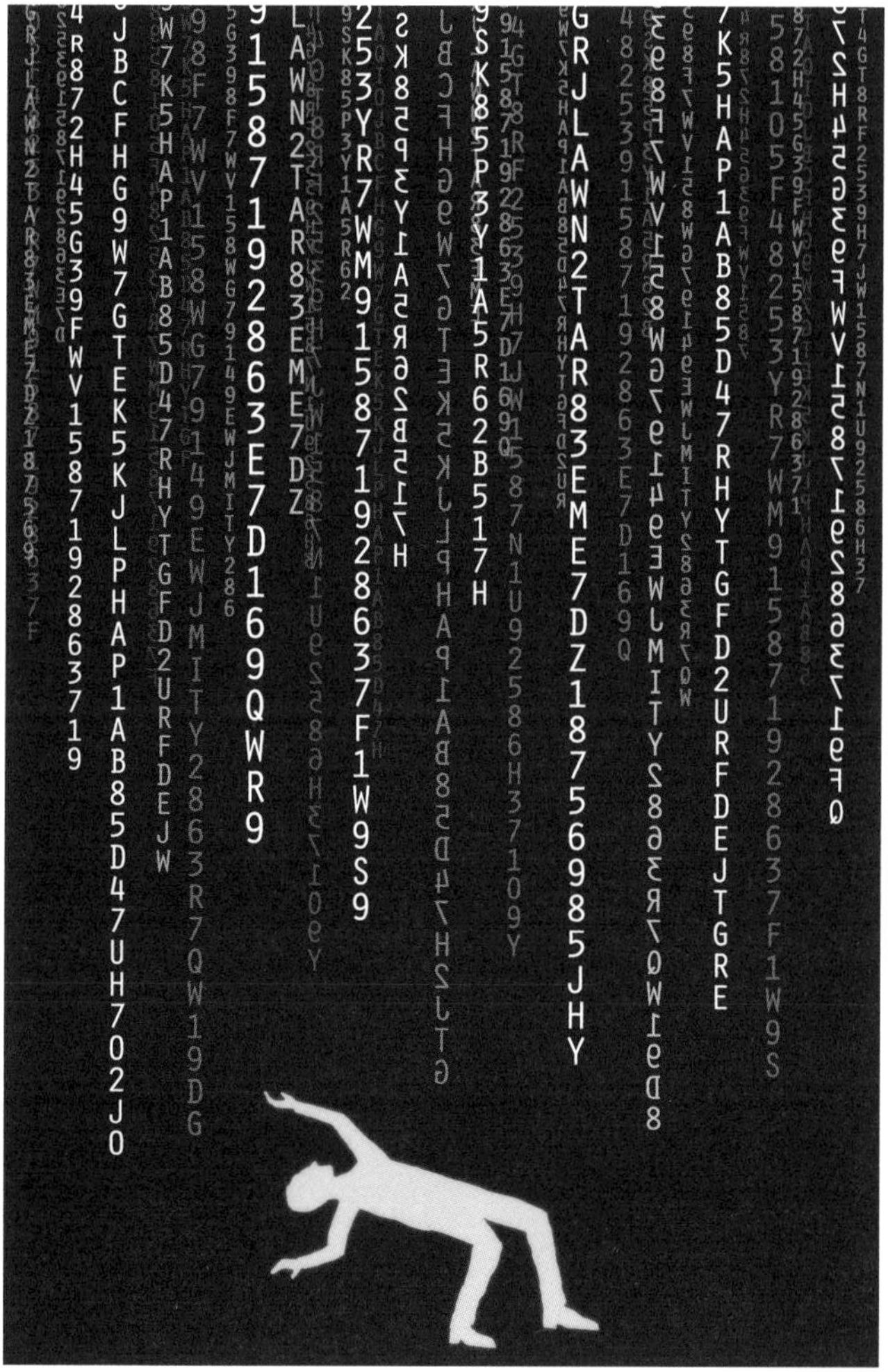

その中に、地球人的にいえば「自分の未来の結果、目標」みたいなものを、「ここだ」というふうに数式で設定するのです。そこに至るまでには、あらゆる存在の意識がかみ合って立体構造をつくっていきます。

設定ができれば一気に図形展開が始まります。その展開していく意味が、私たちにはわかるのです。

フォーカスしたい「意識の7つの層」

これまでは、地球人がこれを理解することはできませんでしたが、前述の「人間のDNAの12層構造」がどこでもランダムに使えるようになると、意識の7つの層を思い通りに使えるようになります。

意識の7つの層とは、起きているときに働く「社会意識、潜在意識、顕在意識」夢を見ているときの「アストラル意識」、高次の意識である「超意識、スーパー意

意識の7つの層

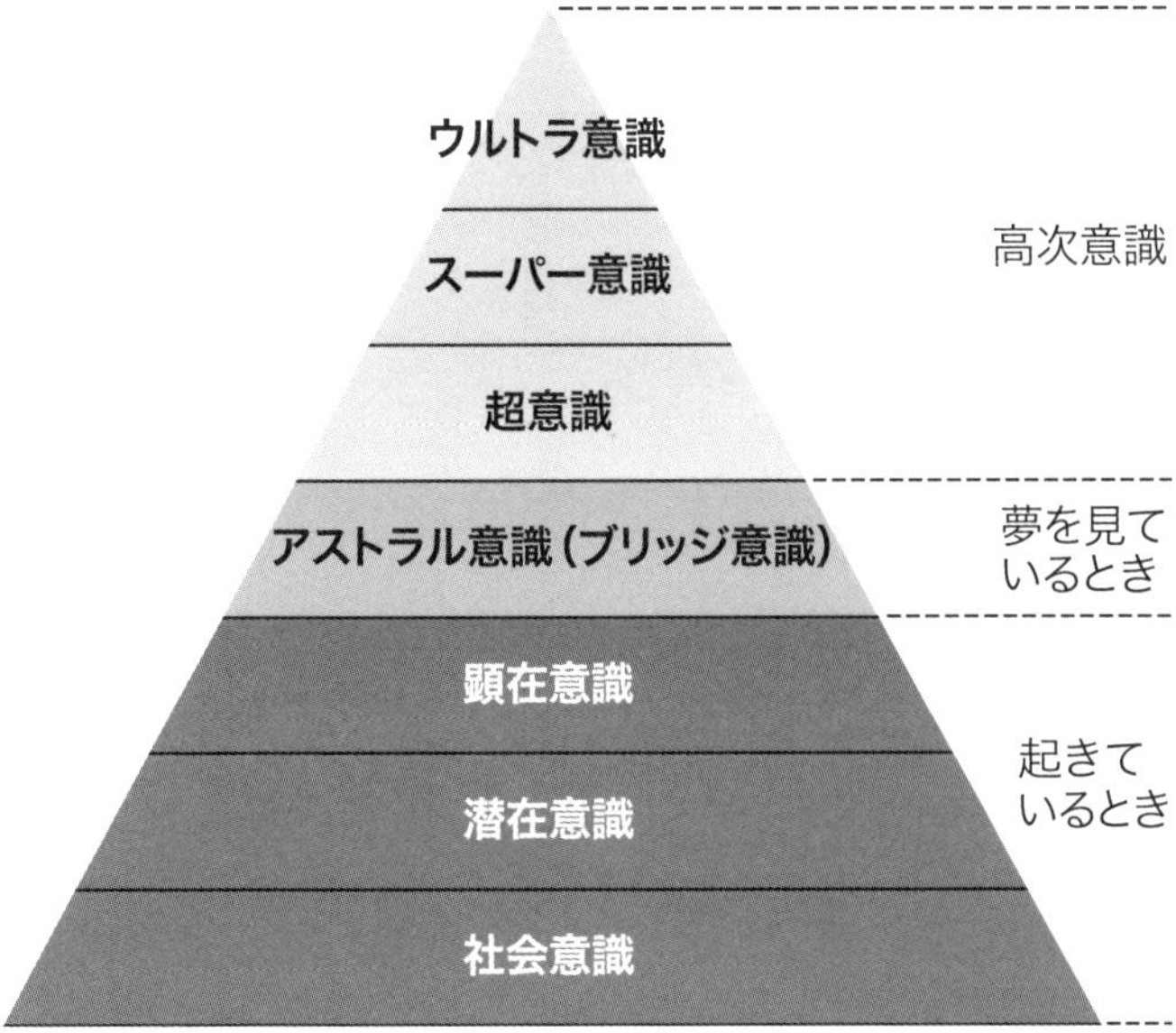
ウルトラ意識
スーパー意識
超意識
アストラル意識（ブリッジ意識）
顕在意識
潜在意識
社会意識
高次意識
夢を見ているとき
起きているとき

識、ウルトラ意識」で構成されています。

12層のDNAを自在に使うようになるということは、同時に7つの意識のどれにフォーカスするかを自分で選択するようになることです。たとえば、電波領域に属するもの、可視光線領域に属するものなど、どの意識を使うかで思考体系がまったく変わるのです。

望む結果をもたらす宇宙人のやり方

バーティカルタイムを使った現実化の方法を、地球的にわかりやすく言うと、こうなりたいと思う現実はすでに存在していて、そこに至るまでのプロセスをなるべく減らして単純なストーリーを描くようなイメージになります。

もちろんプロセスをなくして即座にかなえてしまうことも、できなくはありません。ただ、それが社会全体に関わるような場合には、そうしてしまうと宇宙にひずみができる場合もあるのです。

宇宙にはさまざまな存在がいて、それぞれの意識がバラバラなので、こうなりたいと思う現実をイメージできるものばかりではありません。そうなると、その現象についていけるものと、ついていけないものの間にひずみが生まれます。

この世界には常にあらゆる存在の意識が充満しているので、そこに亀裂が入ると、宇宙にひずみができます。そうなると乖離《かいり》現象と私たちが呼んでいる現象が進んでみんなバラバラになってしまうので、つなぎ合わせるために、みんながイメージできる範囲内でプロセスを入れていくわけです。

それが「みんなの現実として、リアリティを持ってここに存在する」という状態をつくります。

たとえばもし今地球人を宇宙文明に連れていっても、何も見ることができません。知らないことは見えないのです。それが過去であれ未来であれ記憶としての情報がないものは、正確に認識することができないので、「点」にしか見えません。

2020年の夏至に、面白いことがありました。和歌山県のある施設で大きな儀式があったのですが、そのとき大量にUFOが来ました。

それをほとんどの人が見ていましたが、ある瞬間、巨大なシップが出てきたので、私は驚いて「こんなあからさまでいいの、大丈夫？」と思いました。

ところが、まわりで騒いでいる参加者の人たちには、それが点の集合体にしか見えていなかったらしいのです。光る点の集合体が動いていると言っていて、シップの形は見えていなかったらしいのです。

この例が示しているように、概念がないものはイメージすることも、実際見ることもできません。ですから同じ現実を共有することができなくなります。そうなれば共通の認識がなくなり、互いの意識に交流が起きなくなってしまうので、エネルギーに亀裂が入ってしまいます。それがいったん始まると、我々が乖離現象と呼んでいるムーブメントが起きて、全部がバラバラになってしまうのです。

それを防ぐために、あらゆる存在のあらゆる意識がかみ合うように調整して、望む結果を現実にするのが宇宙人のやり方です。

第9章

★

宇宙人の流儀②
こうして地球のゆがんだ概念を手放そう

マスターソウルはあなたに電話をかけている

ここまでお伝えしてきたように、現状の社会意識を持った人が小脳を開発するのは、とても難しいことだと思います。

子どもには現実社会的な概念を押しつけて育てなければ、小脳はある程度発達します。ただ、この社会構造の中で生きようとしたら、やはり小脳の働きを封じ込めなければ適応できなくなるでしょう。

でも、今の皆さんは単に電話番号を忘れてしまっただけなので、皆さんの側からマスターソウルに電話をかけることはできないかもしれませんが、マスターソウルからはこちらにかけています。その内容をエネルギーフィールドはキャッチしていますが、認識ができない状態です。

認識するには別の振動領域で機能できる神経細胞網が必要になりますが、脳にその配線がないために着信音が聞こえないのです。前述の、大きなシップが点に見えるのと同じで、それと認識できないわけです。

でも、誰かが「それはこういうものなんだよ」と伝えて、信じた人はUFOやシップが見えるようになります。だから私は宇宙の情報を伝えています。

宇宙船が見えるかどうかは重要ではないし、見てほしいとも思いません。でも、マスターソウルは毎日一生懸命電話をかけてくれている、電話が鳴っているということは伝え続けたいし、気づいてほしいのです。

つながりを取り戻すためにすべきこと

マスターソウルとのつながりを少しでも取り戻すには、まず、現実にフォーカスする時間をちょっと少なくしてみてください。人間は絶えず何かを考えているものですが、それをしないでボーッとすることです。

瞑想は心を空にするためにするものですが、実際、瞑想をして何も考えずにいられる人はあまりいないのではないでしょうか?

むしろ、お風呂にでも浸かるのがおすすめです。湯船に浸かって「は〜っ」と緊張が解けたときには、何も考えないからです。

私みたいに頻繁にマスターソウルとコンタクトしていると、朝から晩までお風呂で「は〜っ」とやっているような状態なので、忘れっぽいし、人間としては使いものにならないような状態です。

それでも、意識の領域をあまり広くしなければ、デュアル(二元的)な意識を使っても、私のような状態にはならなくて済みますから大丈夫ですよ。私の場合は、リアルタイムで宇宙での活動を行っている自分とアクセスしているので、領域が広がりすぎてしまって切り替えがうまくいきません。

何が人の意識を変えるのか?

マスターソウルの声を聴くためにいちばん大事なのは、やはり人間の意識が変わることです。そのために科学技術の飛躍的な進化が不可欠です。

たとえば、携帯電話は40年前にはなかったですね。だから、いったん外に出たら連絡がつかない覚悟で出ていました。それも悪くはなかったと思います。

でも今は外に出てもいつでもつながれるし、それによってできることが増えます。より多くの人と交流できるし、より多くの刺激を受けることもできます。知らず知らずのうちに、よくも悪くも人間の意識はすごく変わっていますよね。

このように、人の意識を変化させるのは、宗教でも哲学でも心理学でもありません。科学技術の発達によって変わるのです。しかし、その技術が中途半端な状態にあるときには、よい面の変化ばかりではなく悪い面でも変化が起きてしまいます。

たとえば、今でいうなら先ほども言ったように、いつでもどこでも携帯電話やスマートフォンで会話することができますから、注意力が散漫になったり、やらなければならないことが次々と追加されて常に忙しくて、焦燥感を持っている、などということもあるでしょう。

しかし、もう少し違った方向に技術改革が進めば、人は常に健康でいることができたり、十分な教育を受けることができて、自分自身の機能が高まることによって心に余裕が生まれるかもしれません。

また、大部分の労働をＡＩが引き受けてくれるようになれば、余暇が増えて肉体的にも精神的にも豊かな時間をたくさん過ごすことができるようになるでしょう。

マスターソウルにアクセスを可能にする12層のＤＮＡのスイッチを入れていくのは、いかに人間がうまい方向にＡＩの技術を発達させるかが鍵だと思っています。

肉体の意識ではなく霊的な意識にフォーカス

進化が起きるときは、必ず地球上の水が進化します。人の意識をさらに根底から支えているのは水です。ですから進化が起きるときには、水の持っている機能が変わり、よりハイスペックになっていくからです。

たとえば今までなら、バースコントロールしないと赤ちゃんができてしまいましたが、それはなくなっていきます。これからは、子どもを生む必要のない魂は欲しいとさえ思わないし、生まない、というふうになります。

今までは、「子どもがいないと社会で一人前と認められない」という概念に縛られて、欲しくもないのに生んでいた人もいました。逆に、欲しくてしょうがない人にできなかったりしました。

今のところ、人間としての意識と霊的な意識は乖離している状態です。

子どもを持とうとしている人でも、霊的な意識では、今世は子どもを生み育てる経験は必要ないと決めていたりします。

魂は、「こんな時代の端境期で価値観も変わるし、子どもを教育するのはすごく大変だし、自分は高度な技術開発などができる才能があるのだから、子どもを生んで育てるよりもそっちをやろう」と思っていても、人間としてのその人は子どもを欲しがったりするのです。

魂の意識と肉体の意識を一致させていくには、まず自分が霊的な存在だということを意識することが大事です。そのうえで、両方の意識が乖離しているのだとしたら、「エゴではない意識は何を求めているのだろう?」と絶えず考えていくことが必要です。

「宇宙意識」を養成する第一歩

ある私立高校では、「宇宙意識を養成する」といったテーマのカリキュラムづくりを検討しているようです。

もしそれが実現するのであれば、カリキュラムの第一段階は、地球独特のゆがんだ概念をはずしていくことです。

善悪もそうかもしれませんが、地球には、心の発達を抑制してしまうような奇妙なルールがたくさんありますよね。

全員が同じことをさせられるとか、並んで待たなければいけないとか、今興味あることをやるより「これをやるべきだ」と強制されるとか。人間関係などでも利害関係をつくりやすいので、そういう点も見直す必要があります。

それと、「人にあまり興味がない」という状態になっていたら、それも意識して変えていったほうがいいのです。

占星学の出生時のチャートを見ても、関心を持っていることが一人ひとり違うので、そういう違いを認めることも含めて、人に関心を持つということが必要だと思います。

たとえば「他者を思いやりましょう」とか、それだけ切り取って教えるようなやり方よりも、人に興味を持ってよりよい関係性をつくろうとすれば、必然的に思いやるようになるので、まずは自分以外の人や動物や植物、また海や川や山などの自然にもちゃんと関心が持てるような健全な心を育てることが優先です。

ブッダが言ったのは、「とにかく無意識にものを見るな、意識的に行え」ということでした。

たとえば、その日に外で何人かの人と会ったとして、家に帰って、誰がどんな服を着ていたか思い出せますか？

おそらく、ほとんど思い出せないでしょう。無意識で見ているから、情報が拾えていないのです。情報が素通りしているだけなのです。

幸福物質と言われるエンドルフィンを分泌することができる人と、なかなか分泌することができない人の差はかなり大きいそうです。この物質を発見した博士は、エンドルフィンを分泌させるには、物事に関心を持って接し、より多くのことに気づくことが大切だと言っていました。

たとえば、昨日はまだ咲いていなかったチューリップが今日花開いたとか、さっきすれ違った人は嬉しそうな表情をしていたから何かきっとよいことがあったのだろう、などといったたわいもないことに気づく力が必要だと指摘していました。これはまさにブッダの言葉と同じです。

ですから、皆さんの好奇心を奮い起こし、人生をワクワクしたものにするには、物事に対して意識的であるかどうかが重要です。

宇宙人は率先して「個人情報」を開示している

地球では、よく個人情報の漏洩が大問題になっています。あれが、我々(宇宙人)にはとても不思議な光景に映ります。我々はみんな、情報を率先して開示しているからです。

自分はどんなマスターソウルから来ているどんな存在なのか。どんな経験があってどんな失敗をしてきたか。それをどんな速度でどんな形でリカバリーしたか。そういうデータを、誰に対しても洗いざらい見せています。

そもそも所有という概念がないので、財産などというものもなく、奪われるなどという概念がないからかもしれません。すべての存在の能力や性質に関して、全員がオープンになっていて閲覧できるので、誰かが「こんなことをしたい」と言えばすぐに賛同者や適任者が集まるし、何でも速いスピードで展開していきます。

ですからあまり閉鎖的になるとそういうスピーディーな活動が全然できません。

地球が新しい時代に円滑に進んでいくためには、あらゆる情報を伏せてしまうしくみが一度崩壊するのもありかもしれません。それは極端な話ですが、どこかで極端なことが起きてくれないかと、ひそかに望んでいる人は意外と多いのかもしれませんね。

「排除」の概念がなく、イジメもない

それから、「排除」という概念も宇宙にはありません。

地球では、シェアリングエコノミーなどの活動も広まりつつありますが、そういう場合にも「貪欲な人が輪の中に入ってくるのはよくないので、排除しよう」という意見が出てきたりします。

でも、その貪欲さがどこから来ているかをもっと探求すべきです。

たとえば、知的な貪欲さはあっていいですよね。

多くの場合、排除の対象になるのは金品や権利などに貪欲な人だと思いますが、結局、多くを持っていたい人はすごく恐怖が強いのでしょう。コンプレックスがあるのです。誰しも弱っているとき、何かを抱えて持っておきたいと思うものです。

そうなったときにちょっと危ないなと思うのは、「貪欲な人はダメだから入れるのをやめましょう」とやっていると、腸内細菌と同じで、必ず貪欲な人が内部に生

まれることです。

だから、「そういう人が入ったうえで、どう調和させるか」という次のステップに進まないといけないのです。問題になる原因を排除しようとすることは、一見前進を促すように思えますが、実はそうではありません。逆に新たなアイディアを必要としなくなるので進化の歩みが促進できません。

今は垣根をつくったり排除したり、ということが当たり前に行われていますが、結局、誰にとっても最も根っこにある恐れは何かというと、排除されることです。自分は排除されるのが怖いのになぜ人を排除するの？ ということです。これがまたいたちごっこになっていきます。ですからそのやり方は、やっぱり違うのです。

地球はそもそも、昔の平行世界にいたときに排除された人たちの集まりなので、おそらく「排除されたから自分も排除する」という概念が色濃く根づいているのではないでしょうか。

私自身は、幼稚園から中学生の頃まで周囲からずっと排除されていたらしいのですが、自分にその概念がないために気づけなかったという経験があります。

38歳になって昔の同級生と会ったら「中学のときいじめてごめんね」と言われて、「何が？」と言ったら「え〜！」と驚かれました。その「え〜！」がいちばんショックでした。

平和より「調和」を目指そう

「これからは戦うのをやめて平和を求めましょう」と言う人たちがいます。

しかし、私がいつも言っているのは「平和はない」ということです。

「善があったら必ず悪があります。いい人がいたら必ず悪い人がどこかから出てくるし、闇があったら必ず光があるし、光があったら闇があるし、この二元性の世界はずっと続くから変わらないのですよ」と。

私たちが目指すのは、平和ではなく調和です。善と悪が調和し合って、いい感じでいることが望ましいのです。貪欲な人やずるい人を排除しても意味がなくて、そういう人たちといかにうまく調和するかを考えていかないといけないのです。

たとえばオーケストラの曲でも、「ここはものすごい重低音を響かせたい」という箇所がありますね。そこで盛り上がりを見せておいて静かな弦楽器が入ってくるからこそ、人の心を打つ演奏になる。そういうことだと思うのです。

悪が盛り上がりを見せてきたところで善に満ちた人たちが登場すると、すごく神々しく見えるのも同じことです。

でも、そもそも悪がなければ善も存在しません。そういううねりがあるからこそ、人間は何かに気づけたり成長したりできるはずなのです。

不調和とは、異質なものの排除がエスカレートして、両者のつながりがまったくなくなってしまう状態です。黒と白があったとしても、まったくつながりをなくすのではなく、間にグレーがいたりしてつながり合っているのが調和です。

そういう意味で、腸内細菌のふるまいはすごく勉強になります。善玉菌と悪玉菌は必ずどちらも腸内に存在します。そしてどちらにも変わる日和見菌《ひよりみ》がいてくれるおかげで調和がとれているわけです。

今までは「これが正しいこと」というものがあったら、それをみんなが守っていくために、全員がある意味警察のようなことをやっていたと思います。

でも、自分が長所だと思っていることも、ひっくり返せば短所ではないでしょうか。慎重さは決断の遅さでもあり、大胆さは無謀さにも通じます。同じように、短所もひっくり返せば長所になります。一見よくないものでも、なくそうとする必要はないのです。

重要なのはもうひとつのハートチャクラ

今の地球人類には7つのチャクラ（エネルギーセンター）があると言われています。でも、実はハートチャクラは2つに分割されています。胸の中心のハートチャクラと向かい合ったエネルギーフィールドに、魂に従って生きていくうえで重要なもうひとつのハートチャクラがあるのです。

私が主宰しているゼロポイントスクールという学校でも、「ハートは胸の中と前にある」という話をしてきたのですが、地球人は、そういう分割が機能しないようにブロックをかけられてきたのが実態です。

学校や社会などから押しつけられたルールがあって、それに従っていると、そこで感性はいらないので、胸の中心のハートの機能が鈍ります。

外側のハートは自分の魂の方向性に従った人生となるように促す力を持っています。それが使えないようにされているので、多くの迷いが生じます。

逆にほうっておいてあげると、子どもは魂の情報を表現しようとしていきます。

でも、そこにある情報をどうやって表現するかを探求していくには、7つのチャクラだけでは足りません。エネルギーフィールドにあるハートチャクラが機能して、それと連動しないと、胸の中心のハートも完全に機能しないのです。

方向性が決まらず、目的もなくやたら「がんばれ」と言われても、何をがんばるのかわからないですよね。今の社会では、みんながそういうハートの使い方しかさせられていないので、「これをすべきだ」とか「こうしてはいけない」とか、善悪にものすごく縛られるわけです。

たとえばギリシャ神話など、へんちくりんな悪い神様がたくさん出てきますよね。

ヘルメスは欺瞞《ぎまん》の神で、嘘つきです。生まれたとたん、赤ちゃんのくせに兄のアポロンの牛を50頭ほど盗みました。しかもその牛を後ろ向きに歩かせて、逆に足跡がつくようにしてアポロンを惑わせました。そういう、だます神なのです。

でも、神々の世界ではだますことは全然悪いことではありません。父のゼウスもヘルメスの能力を認めているし、最終的にはアポロンとも和解しています。

人を欺くことも、自分の目的を達成するためになくてはならない力なわけですね。たとえば、できないことを「できるよ」と先に言って、そのときは嘘でも、あとからそれに見合う実力を発揮するという方法もあります。

そういうやり方を何に活かせばいいだろう、というのが方向性で、それがもうひとつのハートチャクラの機能です。このハートがないと、結局方向性がつかめないので、人をだます能力を悪用したりするのです。

自分を大切にすれば、みんなが幸せになる

みんなが幸せになるには、この社会が健全でないと無理です。だからこの時代は、健全な社会をつくるのが最初の目標になります。

そのためにはまず、一人ひとりが、水瓶座時代の「私心のないチームプレーヤー」になっていかないといけないのです。

自分だけ幸せというのは、本当はありえないことです。自分が幸せでも親が不幸なんて幸せではないし、自分が幸せでもわが子が不幸だったら幸せではないですよね。それなら、みんなが幸せになることを最初から考えたほうがいいのです。

私心がないのがいいといっても、自分はどうでもいいのかというと、そんなことはありません。

自分を大切にできなければ人を大切にすることなんかできませんから。

今まではどちらかというと、特に日本人などは、自分をないがしろにして人のために尽くす、ということをやらされてきました。それを逆転して、まずいったん自分を大切にすることを学んで習得していくといいでしょう。

もうひとつ、自分で自分の短所だと思っているところは、使うべきアイテムなのです。だから封じ込めずに、復活させましょう。ずるさや欲深さも「何のために使うか」を考えればいいだけであって、それらは実は短所ではなく、自分のアイテムのひとつなのです。

魚座時代はたくさんの社会的な概念によって人々が評価されてきました。しかし、画一的な評価基準におさまる人は、そうそういませんから、みんな自分のどこかを抑圧しなければ社会に適応することができませんでした。

しかし、これからはむしろ自分を自由に表現しようとすることで自分自身を知り、活かすことができるようになりますから、自分のどんな側面も一度は受け入れて、それをどう活かせばよいのかを考えてみてください。

新しい時代は、「解放の時代」、まさに希望にあふれる時代です。その中で自分を自由に表現できれば、あなたはこの世界で間違いなく豊かに、そして幸福に生きることができるのです。

おわりに　風の時代を軽やかに遊ぶ

Saarahat

まずは最後まで読み進めてくださったことに心から感謝します。

そして、新しい時代の幕明けに、大好きな池川先生と再びこの書籍を出版できることに大きな喜びを持って、心から感謝します。

また、この本を作成するにあたってご尽力いただいた、佐藤さん他たくさんの方々にも心から感謝します。


さて、新しい時代を迎えたことを多くの人たちが実感していると思いますが、魚座時代の重く閉じられたような感覚から一転して、軽やかでスピーディーな感覚に解放感を感じることでしょう。

その一方で、のっけからCOVID19によるパンデミックのせいで、大きな不安を抱えてしまった方たちもいらっしゃるでしょう。こんなことで新しい時代に自分がついていけるのか、どんな変化がこれから待っているのか、日本経済は持ちこたえられるのか……と。


でも、ぜひ覚えておいてください「水瓶座時代」は意識にフォーカスが当たる時代でもあります。ですからこの時代はあなた次第ということができるのです。つまり、あなたご自身がどう考えるかによって、この先は明るくも暗くもなるということです。

そうだとすれば、たくさんよいことを考え、みんなが望んできたことを想像して日々を過ごすことが大事ですね。

新しい科学技術の出現によって、あらゆるものの分配のためにお金というツールが必要なくなるとか、所有概念が希薄になって、人々の間を隔ててきた国境、宗教、文化、種族などの垣根がなくなり、小さな地球の上ならどこへでもあっという間に行けるとか、すべての病がなくなり、また老化もしなくなり、いつでも創造的な意識で新しい挑戦をするようになるとか、認知症になった老人も、死にたいのに死ぬことができない人もいなくなり、貧困も、やりがいのないつまらない仕事もなくなることを、私は毎日イメージしています。

何より権利を乱用して多くの人たちから搾取する人もいなくなるイメージは、かなりワクワクします。それと同時に、個性豊かな人たちが、新しいアイディアのもとで興味深い活動を始めるのをイメージするのものとてもワクワクします。

我が家にはテレビがないおかげで、余計な恐怖や焦燥感を掻き立てられることもなく、日々面白いこと、愉快なことを想像してはニヤニヤするのが新しい時代を迎えた私の日課です。

そのせいか今年は、年頭から今までにないほど新しいチャンスが次々とやってきます。

皆さんの魂も、こんな時代を楽しむために生まれてきたのではないでしょうか？

いよいよ皆さんの夢を本気でかなえるときが来たのです。
もう退屈しのぎにテレビの前に座っている場合ではありません。ネットサーフィンして現実逃避している場合でもないのです。これからはあなたが主役の素晴らしいドラマが始まるのですから。

どうぞ皆さん素晴らしい夢を実現して、この時代を思う存分遊んでください。

宇宙人《うちゅうじん》の流儀《りゅうぎ》

大転換期の地球でいま知っておくべきこと

2021年 3月31日　　初版発行

著　者……サアラ

池川《いけがわ》 明《あきら》

発行者……大和謙二

発行所……株式会社大和出版

東京都文京区音羽1-26-11　〒112-0013

電話　営業部03-5978-8121／編集部03-5978-8131

http://www.daiwashuppan.com

印刷所……誠宏印刷株式会社

製本所……ナショナル製本協同組合

装幀者……斉藤よしのぶ

ISBN978-4-8047-6367-5